I0024750

Implementando las Regulaciones Técnicas en México

OCDE

MEJORES POLÍTICAS
PARA UNA VIDA MEJOR

Tanto este documento, así como cualquier dato y cualquier mapa que se incluya en él, se entenderán sin perjuicio respecto al estatus o la soberanía de cualquier territorio, a la delimitación de fronteras y límites internacionales, ni al nombre de cualquier territorio, ciudad o área.

Los datos estadísticos para Israel son suministrados por y bajo la responsabilidad de las autoridades israelíes competentes. El uso de estos datos por la OCDE es sin perjuicio del estatuto de los Altos del Golán, Jerusalén Este y los asentamientos israelíes en Cisjordania bajo los términos del derecho internacional.

Por favor, cite esta publicación de la siguiente manera:
OECD (2020), *Implementando las Regulaciones Técnicas en México*, OECD Publishing, Paris,
https://doi.org/10.1787/1286593b-es.

ISBN 978-92-64-53686-9 (impresa)
ISBN 978-92-64-43743-2 (pdf)

Imágenes: Ilustración de portada © Javier Calvete/Shutterstock.com.

Las erratas de las publicaciones se encuentran en línea en: *www.oecd.org/about/publishing/corrigenda.htm*.
© OCDE 2020

El uso del contenido del presente trabajo, tanto en formato digital como impreso, se rige por los términos y condiciones que se encuentran disponibles en: *http://www.oecd.org/termsandconditions*.

Prefacio

La función regulatoria a cargo del Estado es una actividad de trascendental incidencia en el desarrollo de la economía. Las normas técnicas son una herramienta indispensable para transformar las políticas públicas y el comercio internacional, los cuales giran en torno a mercados caracterizados por la innovación tecnológica, las cadenas globales de valor y la diversificación de sectores. Un adecuado diseño e implementación de las normas técnicas contribuye a la certeza jurídica, previene riesgos a la salud pública, promueve el bienestar de la población, cuida la salud animal y vegetal, protege al medio ambiente y los recursos naturales, y fomenta la productividad en general.

Después de más de 20 años desde su creación, el marco de normas técnicas de nuestro país aún presenta áreas de oportunidad para mejorar la implementación y aplicación de las Normas Oficiales Mexicanas (NOM). Muchas NOMs no cuentan con una infraestructura de evaluación de la conformidad adecuada y raramente son vigiladas por las autoridades correspondientes.

El principal reto que enfrenta el sistema de normas técnicas en México es el conocimiento y cumplimiento voluntario de las NOM. La población no conoce las normas técnicas ni exige su observancia. Aunado a lo anterior, la difusión de las NOMs por parte de las autoridades normalizadoras es incipiente. Finalmente, la interacción entre instituciones para intercambiar información sobre las mejores prácticas de implementación de las normas técnicas es aún limitada. Esta situación nos ubica frente a un gran camino por recorrer en la planeación, diseño, elaboración y aplicación de las NOMs en México.

Una de las acciones más importantes llevadas a cabo por la Secretaría de Economía en sus esfuerzos por encabezar la mejora del sistema de normas técnicas en México, es la cooperación con organismos internacionales como la Organización para la Cooperación y el Desarrollo Económicos (OCDE). Dicha cooperación busca adoptar recomendaciones en materia de infraestructura de la calidad en México e implementación de las NOMs, y recogerlas tanto en la propuesta de Ley de la Infraestructura de la Calidad como en la implementación de la Ley de Fomento a la Confianza Ciudadana. Ambas leyes son consideradas por esta administración como instrumentos substanciales para lograr un desarrollo económico incluyente, exigido por las necesidades actuales del país.

La Secretaría de Economía busca promover la concurrencia de las partes interesadas a lo largo del ciclo de la función regulatoria, esto mediante la creación de capacidades técnicas y acciones y estrategias de elaboración, difusión, promoción e implementación de las NOMs. También busca fortalecer su marco legal y crear estrategias para enfrentar las limitaciones económicas y de recursos humanos presentes en la infraestructura de evaluación de la conformidad y en las inspecciones en áreas críticas. Lo anterior con la finalidad de mitigar los desafíos que enfrentan las NOMs buscando desarrollar un enfoque coherente, consistente y basado en riesgo para la evaluación de la conformidad y las inspecciones regulatorias con el fin asegurar y promover el cumplimiento de estas normas.

Las NOMs deben estar alineadas con las políticas públicas derivadas del Plan Nacional de Desarrollo. Deben ser abiertas y accesibles a todos los sectores económicos y sociales, en armonía con las Normas Internacionales para evitar barreras técnicas innecesarias al comercio y para no restringir la competencia interna. Las regulaciones y su correcta implementación promueven el desempeño comercial e industrial y con ello, el desarrollo económico incluyente y al bienestar de la población que México requiere.

Dr. Graciela Márquez Colín
Secretaria de Economía, México

Prólogo

Las regulaciones son indispensables para el funcionamiento apropiado de la sociedad y el mercado. Estas a su vez engloban diferentes niveles de normas, entre las cuales se encuentran las regulaciones técnicas que establecen requisitos específicos de seguridad y calidad para los productos en distintos sectores, garantizando que las leyes y las regulaciones alcancen sus metas políticas. En conjunto crean las "reglas del juego" para los ciudadanos, los negocios, el gobierno y la sociedad civil. Las leyes y las regulaciones benefician a la sociedad sólo si se implementan y se hacen cumplir de manera apropiada y si no imponen costos excesivos. Sin embargo, la mayoría de los países continúan enfocándose principalmente en el diseño de las regulaciones por sobre las etapas posteriores de implementación y revisión de las mismas.

Este Estudio de la implementación de las regulaciones técnicas en México proporciona la primera evaluación de la OCDE de los retos que se enfrentan en la aplicación de las regulaciones técnicas. Analiza la implementación de las NOMs mexicanas, enfocándose en las políticas y las prácticas alrededor de la evaluación de conformidad y de las inspecciones regulatorias. Identifica las áreas clave para mejorar y otorga recomendaciones para que México desarrolle un enfoque global y sistémico a nivel gubernamental para su implementación.

Este informe se basa en las respuestas que la Secretaría de Economía y varias agencias de México proveyeron a los cuestionarios de la OCDE y en varias entrevistas realizadas durante tres misiones de investigación en la Ciudad de México. El Estudio se benefició de la contribución en términos de revisión de pares de Canadá y el Reino Unido. Dos versiones preliminares de este informe se analizaron en talleres sobre políticas públicas con un amplio rango de funcionarios públicos y actores interesados de México. El estudio fue revisado por pares del Comité de Política Regulatoria de la OCDE.

Este informe sirve como soporte para la ambición general de México de mejorar la efectividad de su marco regulatorio con el fin de asegurar mercados más eficientes y competitivos y fue comisionado por la Secretaría de Economía de México.

El Estudio se realizó bajo el patrocinio del Comité de Política Regulatoria de la OCDE cuyo mandato es brindar asistencia tanto a sus miembros como a los no miembros en la creación y el fortalecimiento de capacidades para la calidad regulatoria y la reforma regulatorias. El Estudio se basa en la *Recomendación del Consejo de la OCDE sobre Política y Gobernanza Regulatoria* 2012, que considera el cumplimiento regulatorio como una parte integral para la efectividad regulatoria. El Estudio se fundamenta además en los Principios de la OCDE sobre las Mejores Prácticas para Hacer Cumplir las Normas y para Realizar Inspecciones y su guía, y el trabajo de la OCDE en cooperación regulatoria internacional desarrollado desde 2012 incluyendo el Estudio de Cooperación Regulatoria de México de 2018. Este reporte fue revisado por los pares del Comité de Política Regulatoria de la OCDE, aprobado el 7 de noviembre de 2019 y preparado para publicación por el Secretariado de la OCDE.

Reconocimientos

Este estudio fue preparado por el Directorado de Gobernanza Pública de la OCDE bajo el liderazgo de, Marcos Bonturi, Director, y Nick Malyshev, Jefe de la División de Política Regulatoria. Este informe fue coordinado por Céline Kauffmann y preparado por Camila Saffirio, Eric Thomson y Florentin Blanc. Manuel Gerardo Flores, Adriana García, Marianna Karttunen, Gloriana Madrigal y Daniel Trnka (División de Política Regulatoria de la OCDE) entregaron comentarios. La traducción del reporte al español fue hecha por Paulina de la Vega. Jennifer Stein preparó el informe para su publicación y Claudia Paupe brindó asistencia administrativa.

La evaluación realizada por los pares revisores con experiencia única en implementación regulatoria fue instrumental para la preparación de las conclusiones clave de este informe. El Secretariado de la OCDE agradece mucho los invaluables comentarios de James Crawford, Director General, Agencia Canadiense de Inspección de Alimentos en Ontario (Canadá); y Sara Smith, Jefa Ejecutiva Adjunta de la Oficina de Seguridad de Productos y Estándares del Departamento de Negocios, Energía y Estrategia Industrial (Reino Unido).

En especial agradecemos a la Secretaría de Economía de México y a su personal, en particular a la Secretaria de Economía, Graciela Márquez, y al Subsecretario de Industria, Comercio y Competitividad, Ernesto Acevedo. También agradecemos mucho a César Hernández, Comisionado Nacional de la Comisión Nacional de Mejora Regulatoria, CONAMER, por su compromiso durante todo el proceso de revisión.

Asimismo, expresamos nuestra gratitud a los numerosos funcionarios gubernamentales quienes nos brindaron sus comentarios incluyendo (pero no limitado a): Jorge Arreola, Jefe de la Unidad de Competitividad y Competencia, Ana Lilia Martínez y Juan Carlos Rivera, de la Secretaría de Economía; Alfonso Guati Rojo, Director de la Dirección General de Normas; y Julio Rocha, Coordinador General de Mejora Regulatoria de CONAMER.

Autoridades y actores en México brindaron sugerencias fundamentales que ayudaron a obtener información para la preparación de este estudio, en especial de las Secretarías de Relaciones Exteriores (SRE), de Salud (SSA), y del Medio Ambiente y Recursos Naturales (SEMARNAT); la Procuraduría Federal del Consumidor (PROFECO); el Centro Nacional de Metrología (CENAM); el Servicio Nacional de Sanidad, Inocuidad y Calidad Agroalimentaria (SENASICA); la Comisión Federal para la Protección contra Riesgos Sanitarios (COFEPRIS); la Comisión Nacional para el Uso Eficiente de la Energía (CONUEE); la Comisión Federal de Competencia Económica (COFECE); la Entidad Mexicana de Acreditación (EMA); el Consejo Mexicano de Normalización y Evaluación de la Conformidad (COMENOR); y la Cámara Nacional de la Industria de Productos Cosméticos (CANIPEC).

El informe se presentó al Comité de Política Regulatoria de la OCDE para que proporcionaran sus comentarios, y colegas de la División de Integridad Pública de la OCDE brindaron retroalimentaciones útiles, así como otras organizaciones internacionales, en concreto, el Foro Internacional de Acreditación (IAF) y la Cooperación Internacional de Acreditación de Laboratorios (ILAC).

Este reporte fue traducido del inglés. En caso de inconsistencias entre las versiones en inglés y español, favor referirse al reporte en inglés.

Índice

Tablas

Figuras

Recuadros

Acrónimos y abreviaciones

AMA	Agencia Mundial Antidopaje
APAC	Cooperación de Acreditación de Asia y el Pacífico
ASEA	Agencia de Seguridad, Energía y Ambiente
BEIS	Departamento de Negocios, Energía y Estrategia Industrial, Reino Unido
CASCO	Comité de ISO para la evaluación de la conformidad
CCNN	Comités Consultivos Nacionales de Normalización
CENAM	Centro Nacional de Metrología
CNH	Comisión Nacional de Hidrocarburos
CNN	Comisión Nacional de Normalización
COFECE	Comisión Federal de Competencia Económica
COFEPRIS	Comisión Federal para la Protección de Riesgos Sanitarios
COMENOR	Consejo Mexicano de Normalización y Evaluación de la Conformidad, A.C.
CONAMER	Comisión Federal de Mejora Regulatoria
CRE	Comisión Reguladora de Energía
CTNN	Comités Técnicos Nacionales de Normalización
DCP	Declaración de Conformidad del Proveedor
DGN	Dirección General de Normas
DOF	Diario Oficial de la Federación
EMA	Entidad Mexicana de Acreditación
HSE	Agencia Ejecutiva para la Salud y Seguridad, Reino Unido
IAF	Foro Internacional de Acreditación
IEC	Comisión Electrotécnica Internacional
IFT	Instituto Federal de Telecomunicaciones
ILAC	Cooperación Internacional de Acreditación de Laboratorios
INC	Infraestructura Nacional de la Calidad
ISO	Organización Internacional de Normalización
LCE	Ley de Comercio Exterior

LFMN	Ley Federal sobre Metrología y Normalización
LFPA	Ley Federal de Procedimiento Administrativo
LFPC	Ley Federal de Protección al Consumidor
MSNetwork	Market Surveillance Network, Reino Unido
NIST	Instituto Nacional de Estándares y Tecnología, Estados Unidos
NMX	Normas Mexicanas
NOM	Normas Oficiales Mexicanas
OCDE	Organización para la Cooperación y el Desarrollo Económicos
OMB	Oficina de Administración y Presupuesto, Estados Unidos
OMC	Organización Mundial del Comercio
ONN	Organismos Nacionales de Normalización
OPSS	Oficina de Estándares y Seguridad de los Productos, Reino Unido
PEC	Procedimiento de Evaluación de Conformidad
PEMEX	Petróleos Mexicanos
PROFECO	Procuraduría Federal del Consumidor
RIA	Evaluación de Impacto Regulatorio
RLFMN	Reglamento de la Ley Federal sobre Metrología y Normalización
SADER	Secretaría de Agricultura, y Desarrollo Rural
SCT	Secretaría de Comunicaciones y Transportes
SE	Secretaría de Economía
SENASICA	Servicio Nacional de Sanidad, Inocuidad y Calidad Agroalimentaria
SENER	Secretaría de Energía
SPS	Sanitario y Fitosanitario
SRE	Secretaría de Relaciones Exteriores
STPS	Secretaría del Trabajo y Previsión Social
TBT	Barreras Técnicas al Comercio
TLCAN	Tratado de Libre Comercio de América del Norte
TMEC	Tratado entre México, Estados Unidos y Canadá
UKAS	Servicio de Acreditación del Reino Unido

Resumen ejecutivo

México ha demostrado un firme compromiso con asegurar que sus leyes y regulaciones sean de alta calidad. Esta preocupación por la calidad regulatoria incluye a las regulaciones técnicas (NOMs), instrumentos que establecen especificaciones para productos, servicios y, en ocasiones, procesos de producción. Los esfuerzos de México se han centrado en las etapas tempranas del "ciclo de vida regulatorio", que se enfocan principalmente en el diseño de leyes y regulaciones. No obstante, para obtener los resultados deseados de las NOMs se requiere de un cumplimiento apropiado. En la actualidad, un número de retos crean una brecha entre el desarrollo de las regulaciones técnicas y su implementación y cumplimiento. Este Estudio identifica las áreas de mejoría con base en una evaluación minuciosa de la implementación de las regulaciones técnicas en México. La implementación ocurre a través de dos instrumentos complementarios: la evaluación de la conformidad, efectuada para demostrar el cumplimiento con las NOMs; y las inspecciones regulatorias, incluyendo actividades de vigilancia de mercado, que se pueden enfocar tanto en la etapa de producción como en productos disponibles en el mercado.

México ha implementado un marco sólido alrededor de las NOMs a cargo de la Secretaría de Economía a través de su Dirección General de Normas (DGN). Además, la Comisión Nacional de Mejora Regulatoria (CONAMER) desempeña un papel clave en la vigilancia de la calidad de las regulaciones. Numerosos actores interesados adicionales, incluyendo organismos del sector público, entidades técnicas y empresas en un rango de sectores industriales, participan en la ejecución regulatoria de las NOMs. Un conjunto de instrumentos legales encabezados por la Ley General sobre Metrología y Normalización (LFMN) son la columna vertebral del sistema mexicano para las NOMs. Sin embargo, la fragmentación en diferentes regímenes legales para sectores específicos implica que no existe una visión cohesiva y coherente para promover el cumplimiento con las NOMs y fortalecer la infraestructura nacional de la calidad, el sistema que comprende la metrología, estandarización, acreditación, evaluación de la conformidad y vigilancia del mercado, y que asegura la observancia de los requerimientos de las NOMs.

México reconoce un rango de procedimientos de evaluación de conformidad que son claves para conectar de manera efectiva los requisitos establecidos en las NOMs con los productos y servicios disponibles en el mercado. También cuenta con una estructura de acreditación para proporcionar un nivel de garantía adicional sobre la imparcialidad y las capacidades de los organismos de evaluación de la conformidad para realizar sus funciones. No obstante, existe un número de enfoques específicos para evaluar la conformidad en los distintos sectores y no hay una metodología común para desarrollar estos procedimientos. Los reguladores cuentan con guías limitadas para seleccionar procedimientos de evaluación de la conformidad que consideren de manera efectiva, la complejidad y el nivel de riesgo que una NOM gestiona y/o que aseguren la existencia de una infraestructura apropiada para lograr los objetivos de una NOM.

Las inspecciones regulatorias, incluida la vigilancia de mercado, resultan esenciales para asegurar que los productos, servicios y procesos de producción (si proceden) cumplan los requisitos estipulados bajo las regulaciones técnicas. Las inspecciones regulatorias de las regulaciones técnicas las lleva a cabo la autoridad gubernamental responsable de cada NOM. A pesar de que México ha generado confianza con éxito en algunos sectores, a través de una vigilancia fiable y confiable de las NOMs, en particular en los mercados de exportación, la situación varía considerablemente entre sectores regulatorios. Sigue existiendo un número significativo de desafíos para mejorar la efectividad de las inspecciones, en particular para gestionar y focalizar los recursos y mejorar la coordinación y el uso compartido de datos entre las agencias.

Con base en un análisis del marco y las políticas y prácticas de implementación alrededor de las NOMs, el Estudio identifica tres áreas amplias de mejoría. Primero, México puede fortalecer su marco de regulaciones técnicas considerando sistemáticamente las necesidades de implementación en la etapa de diseño de las NOMs y aprovechando más la función de la DGN como organismo supervisor y coordinador del sistema. Al mismo tiempo, se deben abordar las limitaciones en la infraestructura de evaluación de la conformidad, incluyendo a través de documentos guía para el diseño de procedimientos de evaluación de la conformidad. Por último, México podría invertir en desarrollar un enfoque más coherente para las inspecciones regulatorias basándose en los riesgos y la evidencia.

Las iniciativas legislativas recientes y en curso para reformar el sistema de regulaciones técnicas y las inspecciones regulatorias crean el momento adecuado para que México fortalezca la implementación de las NOMs. Estas iniciativas pueden acompañarse con medidas para promover la coordinación entre las autoridades y los actores relevantes, y proporcionar lineamientos sobre un enfoque basado en riesgos para la evaluación de la conformidad y las inspecciones. Mejorar la implementación regulatoria de las NOMs requerirá un cambio en la cultura del cumplimiento de todas las partes involucradas. Este Estudio proporciona vías para las posibles soluciones, y sugiere algunos de los elementos críticos de un enfoque global y sistemático a nivel gubernamental para la implementación las regulaciones técnicas.

Evaluación y recomendaciones

México cuenta con un extenso sistema de regulaciones técnicas (NOMs) y sigue un número de buenas prácticas regulatorias (BPR) en su desarrollo. El rango de campos regulatorios cubiertos por el marco de regulaciones técnicas en México va más allá de lo que otros países normalmente abordan a través de este instrumento. A pesar de no ser en sí un problema, esto puede dificultar las comparaciones internacionales y crear confusión entre los actores interesados respecto a conceptos y procesos clave. El sistema mexicano de las NOMs también está fragmentado en diferentes marcos legales y actores. Una cierta falta de principios unificadores, combinada con la amplitud de los temas cubiertos, contribuye a un enfoque inconexo y en ocasiones confuso para utilizar e implementar las NOMs.

Este contexto crea áreas de mejora en la etapa de implementación de las NOMs, en particular en el sistema de evaluación de la conformidad y en las inspecciones regulatorias. Las debilidades específicas varían entre los sectores, en algunos campos, el marco regulatorio no se encuentra completamente instaurado; en otros, la aplicación del marco existente es débil. En general, México presenta el caso de una economía dual donde la mayoría de los esfuerzos de aplicación y cumplimiento de las regulaciones técnicas se canalizan a los sectores de exportación para proporcionar la confianza necesaria a los socios comerciales respecto a la seguridad y la calidad de los productos.

Frente a los retos que se enfrentan en la fase posterior del ciclo de elaboración de reglas, y para reducir la fragmentación, es necesaria una política global y unánime a nivel gubernamental y un enfoque sistémico para la implementación de las regulaciones técnicas. Esto incluye continuar aprovechando el fuerte uso de buenas prácticas regulatorias *ex ante* para incorporar una consideración más sistemática de la implementación y el cumplimiento de las regulaciones técnicas y anticipar las condiciones y los recursos necesarios para su aplicación apropiada. Asimismo, existen áreas de mejora sistémica en el uso de inspecciones regulatorias para promover el cumplimiento de las regulaciones técnicas. Existe la necesidad de realizar un cambio hacia una política de implementación más estratégica y coordinada a partir de un enfoque a base de riesgos y de la recopilación activa de datos para informar los procesos de evaluación de conformidad e inspecciones regulatorias.

Las iniciativas legislativas recientes y en curso para reformar el sistema de regulaciones técnicas y las inspecciones regulatorias[1] pueden marcar un punto de inflexión en la sensibilización de los responsables de la formulación de políticas públicas respecto a los problemas en juego y proporcionar una oportunidad importante para que México haga la transición de un enfoque principalmente reactivo, enfocado en enmendar las brechas más evidentes, a una política proactiva de implementación. Sin embargo, para generar un impacto sustancial, estas importantes reformas deben perseguirse junto con medidas de acompañamiento apropiadas, incluyendo aclarar las funciones y las responsabilidades, una mayor coordinación, guías y la capacitación de las autoridades relevantes. El fortalecimiento de la implementación de las regulaciones técnicas en México requerirá un cambio en la cultura del cumplimiento de todos los jugadores involucrados.

Este estudio proporciona una descripción general de cómo se organizan los aspectos claves de la implementación de las regulaciones técnicas en México y destaca los retos que se enfrentan. En base en esta evaluación, el estudio propone las vías para posibles soluciones y proporciona los elementos claves de una política global y unánime a nivel gubernamental y los aspectos fundamentales de un enfoque sistémico para la implementación de las regulaciones técnicas. Se funda en trabajos anteriores que identifican áreas de mejora, como el Estudio sobre Cooperación Regulatoria Internacional en México (OECD, 2018[1]) y el Informe sobre Normalización y Competencia en México (OECD, 2018[2]).

Elementos clave de diagnóstico

Esta sección de la evaluación se organiza en torno a los dos pilares claves de la implementación regulatoria de las NOMs: el marco de evaluación de la conformidad establecido para demostrar el cumplimiento con las NOMs; y las inspecciones regulatorias, incluyendo actividades de vigilancia del mercado. Ambos pilares son complementarios y necesarios para asegurar la implementación efectiva de las NOMs.

PEC en práctica en México

Los procedimientos de evaluación de la conformidad (PEC) y la infraestructura alrededor de ellos son clave para cosechar los beneficios de las regulaciones técnicas, ellos garantizan que los requisitos establecidos bajo las NOMs sean satisfechos. En México, al igual que en otros países, numerosos actores públicos y privados participan en los diferentes componentes del sistema de regulaciones técnicas. Sin embargo, la dispersión de enfoques para los PEC en un número de regímenes sectoriales específicos ha resultado en la ausencia de una visión articulada que promueva el cumplimiento de las NOMs y aborde las brechas existentes en la infraestructura de la calidad.

México ha establecido un sistema sólido alrededor del desarrollo de las NOMs, incluyendo un proceso de desarrollo minucioso que sigue las BPR, en específico las RIA, consultas con los actores interesados y las evaluaciones *ex post*. Para integrar, monitorear y evaluar las actividades del sistema de regulación técnica, México ha desarrollado una plataforma digital denominada Sistema Integral de Normalización y Evaluación de la Conformidad (SINEC). México también hace uso de su sistema de contratación pública para promover productos y servicios que cumplen con los estándares técnicos. No obstante, la cultura del cumplimiento en México continúa siendo débil, con un conocimiento y una sensibilización limitada del público, e incluso algunos reguladores sectoriales, sobre la importancia de las regulaciones técnicas.

Ausencia de un enfoque cohesivo y coherente hacia la evaluación de la conformidad

En la actualidad, el desarrollo de PEC en México se encuentra regulado por diferentes actores y marcos legales aplicables en sectores específicos. Esta fragmentación hace difícil establecer un fundamento claro para decidir cómo se deben seleccionar, diseñar e implementar las diferentes técnicas de evaluación. Además, la diversidad de regímenes que involucran a numerosos actores interesados del sector público, organismos técnicos y empresas, da como resultado un sistema regulatorio que puede ser difícil de entender y cumplir para los actores del mercado y los consumidores, creando riesgos de captura y conflictos de interés. El riesgo de conflicto de interés se presenta dado que ciertos actores desempeñan papeles dobles en la evaluación de la conformidad, al realizar servicios de conformidad pagados para ciertas NOMs, al mismo tiempo que vigilan a algunos organismos o actores que operan en el sistema.

Además, un número de reguladores optan por separar el diseño de las NOMs de aquel de sus procesos de evaluación de la conformidad. Esto sucede debido a que la LFMN permite que los PEC se diseñen como parte de una NOMs o en una etapa posterior una vez que la NOM se ha publicado. De tal modo, un número de NOMs actualmente vigentes carecen de las técnicas de evaluación relevantes para examinar que los requisitos prescritos sean satisfechos. Sin esto, estas NOMs se vuelven, *de facto*, no aplicables. En práctica, la ausencia de PEC para una NOM específica en ocasiones ha resultado en la postergación de sus efectos. Aunque la DGN ha dado los pasos para asegurar que las nuevas NOMs se elaboren simultáneamente con su PEC correspondiente, a futuro México podría dar pasos para reducir el inventario existente de regulaciones técnicas para las cuales se necesita un PEC que aún no se ha desarrollado.

México ha hecho esfuerzos para fortalecer el diseño de leyes y regulaciones, sin embargo, no existe una metodología común para desarrollar los PEC. El marco actual de regulaciones técnicas no incluye lineamientos para los reguladores, por ejemplo, para seleccionar un enfoque adecuado a la complejidad del producto y el nivel de riesgo que la NOM está tratando de gestionar, y/o para garantizar que exista la infraestructura apropiada para realizar un PEC. Algunos ejemplos internacionales relevantes de guías para el diseño y creación de PEC que pueden servir de inspiración para construir un uso más coherente y consistente de esta herramienta incluyen el marco de la UE con base a módulos (Recuadro 2.3), y las Consideraciones para la Evaluación de la Conformidad para las Agencias Federales proporcionadas por el Instituto Nacional de Estándares y Tecnología (NIST) en los Estados Unidos (National Institute of Standards and Technology, 2018[3]). Las consideraciones en la caja de herramientas de ISO/CASCO (ISO, 2014[4]) y las Notas Informativas sobre buenas prácticas regulatorias de la APEC (APEC, 2000[5]) también pueden proporcionar elementos útiles.

Brechas en la infraestructura para la evaluación de conformidad en México

Al diseñar las NOMs y los PEC, los reguladores necesitan evaluar si existe un organismo de evaluación de la conformidad para realizar un PEC específico o si el mercado puede promover su existencia a futuro. Si no se encuentra instaurado un organismo de evaluación de la conformidad, las regulaciones técnicas pueden incluir un período de transición antes de entrar en vigor para permitir el tiempo para establecer la infraestructura requerida. En México, un número de PEC incluidos en NOMs actualmente vigentes no cuentan con una infraestructura de evaluación de la conformidad de soporte. Recientemente la DGN ha hecho esfuerzos para asegurarse de que la existencia de OEC sea considerada al insertar disposiciones sobre PEC en las NOMs. Además, instituciones como la CONUEE y la SENER, con frecuencia trabajan directamente con los OEC durante el diseño de una nueva NOM para asegurarse de que se encuentre establecida la infraestructura de evaluación de la conformidad relevante para asegurar su implementación.

La evaluación de conformidad se basa en enfoques de tercera parte y es relativamente costosa

Dependiendo del riesgo, los enfoques de la evaluación de conformidad pueden variar entre una evaluación de primera parte (autoevaluación) y evaluaciones por tercera parte realizadas por organismos acreditados. En este rango de enfoques, el marco mexicano favorece las técnicas de terceros (principalmente certificación, verificación, calibración y pruebas). Estas técnicas proporcionan una mayor confianza a los compradores de que su compra cumpla con los requisitos regulatorios. También son más costosas y no necesariamente son proporcionales a los riesgos. En comparación, la evaluación de conformidad de primeras partes permite a los fabricantes y/o los proveedores certificar por cuenta propia el cumplimiento de las especificaciones técnicas en casos donde los efectos negativos de la no conformidad son bajos, pero necesariamente implican un grado de confianza en la autoevaluación y un sistema de responsabilidad que traslade la responsabilidad a los productores y distribuidores para garantizar el cumplimiento y la seguridad. Dado que el sistema de evaluación de la conformidad de México continúa desarrollándose y madurando, hay espacio para extender la implementación de técnicas de primera parte en ciertos productos de bajo riesgo. Algunos reguladores han explorado recientemente el uso de este enfoque introduciendo la Declaración de Conformidad del Proveedor (DCP) como una alternativa para la evaluación de productos específicos.

Un informe del Banco Mundial de 2007 destacó que los costos para un PEC en México podrían ser tres a cuatro veces más altos que en Estados Unidos y la UE (Guasch et al., 2007[6]). Un número de factores pueden afectar el costo de la evaluación de la conformidad. En México, una cultura débil en torno a la evaluación de la conformidad puede dificultar el desarrollo de un mercado más fuerte de organismos de evaluación de la conformidad. Factores adicionales pueden incluir el alto costo inicial del equipo requerido para ciertas técnicas de evaluación. En ciertos casos, sólo uno o muy pocos OEC pueden ser capaces de realizar el PEC, por lo que pueden cobrar un precio monopólico a las pocas empresas que requieran el servicio y/o simplemente necesitan recuperar su inversión en un número bastante reducido de clientes.

Evaluación de las inspecciones regulatorias de las NOMs

Las inspecciones regulatorias tienen por objetivo salvaguardar al público de riesgos para la salud y su seguridad, entre otros, cerciorándose de que productos y servicios específicos estén en cumplimiento con las regulaciones aplicables. A través de una vigilancia efectiva e inspecciones regulatorias, las autoridades gubernamentales ayudan a fortalecer la confianza de los consumidores de que los productos y los servicios disponibles en el mercado cumplen con los requisitos regulatorios y, por tanto, protegen su seguridad y bienestar. Esto también debería contribuir a una competencia en igualdad de condiciones para las empresas que participan en el mercado.

En México, la autoridad gubernamental a cargo de la NOM es usualmente responsable también de su vigilancia, incluyendo el desarrollo de un programa de inspecciones regulatorias y cumplimiento. Tanto la LFMN como la LFPA, que define los requisitos para las visitas de inspección, regulan las inspecciones basadas en NOMs. Sin embargo, el nivel y los tipos de sanciones por incumplimiento a menudo se establecen en leyes sectoriales.

México ha tenido algún éxito discreto en la construcción de confianza en ciertos sectores a través de una implementación consistente y confiable de las NOMs, en particular en mercados de exportación de productos agrícolas, productos automotrices y otros. Sin embargo, sigue existiendo un número de retos significativos para mejorar la efectividad de las inspecciones en México y así fomentar el cumplimiento de las NOMs y construir confianza en forma más general y consistente. La necesidad de realizar más esfuerzos el críticamente evidente en la confianza limitada que los ciudadanos mexicanos tienen en su gobierno, sólo 28% de los ciudadanos confía en su gobierno en comparación con un promedio de 42% en la OCDE (OECD, 2017[7]).

La situación es en general bastante contrastante entre las diferentes áreas de regulación. Por lo general, los productos no alimenticios están sujetos a NOMs bien definidas que cubren los temas más significativos y, aparentemente, no existen brechas regulatorias significativas. Sin embargo, el cumplimiento de un gran número de NOMs está a cargo de la PROFECO, que es esencialmente una institución encargada de hacer cumplir la ley con un enfoque en la protección de los consumidores, en lugar de ser un organismo con una fuerte competencia técnica. En contraste, del lado de los alimentos, la falta de una ley de seguridad alimenticia omnicomprensiva es un problema real, así como lo es también la división de competencias entre diferentes organismos, aunque la competencia técnica de organismos como el SENASICA y la COFEPRIS parece más fuerte. Algunos servicios de inspección (en particular dentro del SENASICA) también poseen enfoques dirigidos a riesgos que son significativamente más desarrollados que el promedio en México.

Gestión y dirección efectiva de los recursos para las inspecciones regulatorias

El primer reto es enfocar en forma más efectiva y eficiente los recursos para llevar a cabo las inspecciones regulatorias. En términos globales, México gasta la menor cantidad per cápita de cualquier gobierno en la OCDE (OECD, 2019[8]). Aunque no se encuentran disponibles los datos desagregados únicamente para las inspecciones, esto es indicativo de una baja disponibilidad de recursos gubernamentales. Por tanto, resulta crítico para las autoridades gubernamentales mexicanas y los organismos de inspección enfocar sus escasos recursos en las regulaciones y empresas de mayor riesgo, utilizando herramientas de evaluación de riesgos, datos y coordinación. En algunos sectores, principalmente energía e hidrocarburos, México ha desarrollado programas que dirigen las inspecciones a las empresas más riesgosas y los elementos más críticos de las regulaciones. Sin embargo, en otras áreas, por ejemplo, productos de consumo, las inspecciones se realizan de manera aleatoria o basándose sólo en quejas. Las quejas por lo general son consideradas (tanto por entidades regulatorias como por expertos) como una fuente pobre de selección, dado que inherentemente se presentan "demasiado tarde" y con frecuencia no reflejan los riesgos o daños más altos sino la disposición de dar cumplimiento, cuando no son por completo fútiles o maliciosas, lo que también sucede.

Construcción de una mejor coordinación y uso compartido de datos para dirigir las inspecciones regulatorias

Una coordinación y un uso compartido de datos podría permitir que las autoridades gubernamentales en México reduzcan la duplicación y superposición de inspecciones, y apunten en forma más efectiva a empresas con problemas de incumplimiento más severos o dañinos. Desafortunadamente, las autoridades gubernamentales trabajan en gran medida de manera independiente una de otra, con relativamente poca coordinación o uso compartido de datos, incluso dentro de una misma secretaría. La mayoría de las autoridades gubernamentales registra el número de acciones, multas y visitas, pero aún no han integrado más información en una estrategia de inspecciones más amplia basada en evidencias. El número relativamente alto de organismos de inspección en México puede también desempeñar un papel en las dificultades para efectos de coordinación. Entre los países que han desarrollado marcos de coordinación para la vigilancia del mercado la MSNetwork del Reino Unido proporciona un ejemplo (Recuadro 3.6).

Refuerzo de la cultura de cumplimiento en México

Por último, la cultura de cumplimiento en México representa un reto mayor para obtener los beneficios de las regulaciones técnicas. Varias incidencias notorias de fraude y corrupción han reducido el nivel de confianza en el sistema, aunque el gobierno mexicano ya ha tomado algunas acciones correctivas. Por ejemplo, la PROFECO ha sido capaz de reducir de manera significativa la prevalencia de fraude en las mediciones de bombas de gas y ha introducido un nuevo Código de Ética para limitar los conflictos de interés.

Recomendaciones

Con base en la perspectiva general del marco y las prácticas para la implementación de NOMs en México, este estudio identifica tres áreas amplias de mejora en la implementación de las NOMs:

- Fortalecer el marco de las NOMs:
  - o sistematizando la consideración de las necesidades de implementación en la etapa de diseño
  - o introduciendo un enfoque basado en riesgos unificado para evaluar la conformidad y realizar inspecciones regulatorias
  - o aumentando la consistencia y la coherencia del marco regulatorio para la seguridad de los alimentos
- Abordar las limitaciones en la infraestructura de evaluación de la conformidad; y
- Desarrollar un enfoque más coherente de inspecciones regulatorias para asegurar y promover el cumplimiento con las regulaciones técnicas.

Fortalecer el marco de regulaciones técnicas

- **Aprovechar de manera óptima la función de la DGN como autoridad supervisora y coordinadora del sistema de regulación técnica.** La DGN podría aprovechar su rol para asegurar un enfoque global y unánime a nivel gubernamental hacia las NOMs incluyendo:

- o Publicar guías para promover un enfoque de evaluación de la conformidad coherente y cohesivo en todos los sectores;
- o Promover una mayor coordinación entre los diferentes actores del sistema. En particular, permitiendo un diálogo y cooperación entre los reguladores con competencias conjuntas sobre NOMs específicas; y
- o Asegurar una relación estratégica con la EMA para fortalecer la operación del sistema de regulaciones técnicas en torno a organismos de evaluación de la conformidad acreditados. El modelo de interacción del Servicio de Acreditación del Reino Unido (UKAS) con el gobierno inglés, basado en un Memorándum de Entendimiento (MoU) que se presenta en el Recuadro 2.7 puede proporcionar una lección útil en este respecto.

- Promover un diálogo sistemático entre las autoridades responsables de implementar regulaciones técnicas para evitar duplicaciones e intercambiar experiencias y mejores prácticas a través de los sectores.
- Evitar desconectar la publicación de las NOMs y sus PEC, sistematizando su desarrollo conjunto cuando se requiera. La reforma a la LFMN brinda una oportunidad para discutir cómo asegurarse de que los PEC se diseñen en conjunto con las NOMs en casos donde se necesite un PEC específico.
- Sistematizar la consideración de la implementación regulatoria en el proceso de RIA de las NOMs. La introducción de la nueva Ley de Mejora Regulatoria, incluyendo a través de un proceso de RIA vigilado por la CONAMER, proporciona una oportunidad para asegurarse de que el enfoque de evaluación de la conformidad seleccionado se alinea con el nivel de riesgo, y de que esté en pie la infraestructura de evaluación de la conformidad correspondiente para demostrar el cumplimiento con la NOM.
- Promover la participación de los actores involucrados en la implementación de las NOMs desde las etapas tempranas de la fase de diseño. Donde resulte relevante, permitir la participación durante la etapa de diseño de las NOMs de los actores interesados que desempeñan funciones de metrología, acreditación y PEC, y de los actores que serán responsables de cumplir con los requisitos. Permitirles proporcionar una retroalimentación sobre los potenciales desafíos para la implementación, para de tal manera identificar de manera temprana los posibles obstáculos o los cuellos de botella.
- Garantizar que las NOMs incluyan disposiciones de entrada en vigor/aplicación que tomen en cuenta los tiempos que los diferentes actores necesitan para alcanzar el cumplimiento de una nueva regulación técnica. En específico, esto implica reconocer los tiempos que los reguladores sectoriales necesitan para establecer o actualizar los procedimientos, y que los destinatarios de las NOMs requieren para ajustarse a las futuras regulaciones. Esto podría ayudar a evitar retrasos indebidos y reiterados en la aplicabilidad de las NOMs.
- Revisar el inventario de NOMs que son, de facto, no ejecutables debido a la carencia del PEC correspondiente. La DGN podría desarrollar un plan de trabajo conjunto con los reguladores sectoriales para diseñar y publicar los PEC pendientes en áreas o sectores clave.
- Aprovechar la revisión *ex post* de las NOMs cada 5 años para abordar los desafíos de implementación, incluyendo aquellos relacionados con la evaluación de la conformidad. Una recopilación sistemática de datos sobre evaluación de la conformidad e inspecciones regulatorias podría proporcionar información esencial para la evaluación *ex post*.
- Promover la identificación de los beneficios de las NOMs y la importancia del cumplimiento de las regulaciones técnicas entre los actores interesados. México debe continuar promoviendo una cultura de calidad entre los ciudadanos y empresas destacando los beneficios de las NOMs en particular en áreas clave. El cumplimiento sigue siendo un reto mayor en México y debe promoverse entre las empresas y, quizá con más importancia, entre las PyMEs que pueden tener

más dificultades para entender y/o implementar las NOMs. La DGN y los diversos reguladores sectoriales cuentan con un papel clave para impulsar el cumplimiento a través de una mayor educación y guías, en lugar de a través de sanciones (véase también a continuación).

- Continuar haciendo uso del sistema de contratación pública de México para promover productos y servicios que cumplan con los estándares técnicos. Detectar y abordar los obstáculos que enfrentan los reguladores sectoriales para hacer referencia a los estándares técnicos en la contratación pública, incluyendo a través de la diseminación de mecanismos para identificar las NOMs relevantes (incluyendo la plataforma de SINEC).

- Mejorar y fortalecer el marco legal para la seguridad de los alimentos. A pesar de que, a nivel internacional, los temas de seguridad alimentaria se consideran como algo distinto de las regulaciones técnicas, en México se manejan dentro del marco de las NOMs. El estudio muestra que existen retos en la coordinación entre los reguladores sectoriales relevantes y una falta de un marco legal omnicomprensivo. Esto deriva en una gestión de riesgos inadecuada. La experiencia internacional, que incluye las recomendaciones de la FAO ("Modelo de Ley Alimentaria") y el *Codex Alimentarius* proporcionan puntos de referencia útiles para fortalecer el marco legal existente.

Fortalecer la infraestructura de la evaluación de la conformidad

- Garantizar un enfoque coherente para la evaluación de la conformidad en todos los sectores relevantes, incluyendo a través de documentos guía sobre el diseño de los PEC. En particular:
  - La DGN debe desarrollar una metodología común con una guía paso por paso para diseñar y publicar los PEC para ayudar a construir un entendimiento en común. Esta metodología debe incluir, entre otras cosas, guías sobre: la elección de un enfoque adecuado dependiendo de los riesgos; la selección entre los PEC, consideraciones sobre los costos que se derivan de la evaluación de la conformidad; y, el aseguramiento de que está en pie la infraestructura apropiada para realizar una técnica de evaluación. Para este propósito, la experiencia de otros países y organizaciones internacionales presentada en el Recuadro 2.3 podría ser de relevancia;
  - Dado que el marco de evaluación de la conformidad de México continúa en desarrollo, los reguladores podrían explorar el uso de enfoques adicionales incluyendo técnicas de evaluación de primera parte para productos con un bajo riesgo de efectos negativos derivados del incumplimiento. La reciente experiencia que introduce una alternativa de DCP en el proceso de evaluación para la NOM-199-SCFI-2017 sobre Bebidas Alcohólicas puede ofrecer un ejemplo sobre la manera en la que los reguladores pueden incorporar gradualmente el uso de este enfoque;
  - Promover consistencia con obligaciones internacionales y los estándares internacionales relevantes; y
  - Organizar cursos de capacitación para reguladores para aclarar los pasos para el desarrollo de PEC y permitirles intercambiar experiencias en el tema.
- Fomentar mejoras en la infraestructura de evaluación de la conformidad de México para promover la función de los OEC y el uso de las NOM. En específico:
  - **Promover el desarrollo de capacidades en las áreas donde actualmente los OEC exhiben carencias.** En específico, esto incluye generar capacidades para limitar la dependencia en el CENAM y la PROFECO para realizar servicios de conformidad pagados que podrían realizar los OEC.

○ **Asegurar la ausencia de conflictos de interés y abordar riesgos de captura potenciales.** La investigación en curso de la COFECE puede aclarar las posibles áreas de mejora en el sistema mexicano para aumentar la independencia operativa entre los participantes del sistema de ICN y promover la competencia.

- En sectores y para aquellas NOMs que corresponden únicamente a mercados de nicho, y donde la demanda es insuficiente para hacer viable o eficiente en términos de costos el establecimiento y la operación de OEC mexicanos, se podría considerar el reconocimiento de OEC extranjeros calificados.

- La Secretaría de Economía puede desear utilizar la oportunidad de las iniciativas legislativas en curso para realizar reformas al sistema de las NOMs mexicanas **desarrollando un proyecto piloto / de demostración para probar la implementación de algunas de las medidas previstas en estas reformas.**

Desarrollar un enfoque más coherente hacia las inspecciones regulatorias

- **Las autoridades gubernamentales responsables de hacer cumplir las NOMs deben dirigir inspecciones regulatorias para volverlas más efectivas en reducir los riesgos para los ciudadanos.**

- **México podría crear una política gubernamental de cumplimiento clara con un enfoque de inspecciones basadas en riesgos enfocadas en verdaderos peligros para la sociedad.** Esto podría brindar a todas las autoridades gubernamentales e inspectorados un marco de política común, mientras que, en la actualidad, éste se limita a los requisitos legales de la LFPA y LFMN, con diferentes enfoques para sectores individuales.

- **Se deben fortalecer el profesionalismo y los métodos.** Esto es particularmente cierto para los productos no alimenticios, donde el actor principal (PROFECO) se enfoca más en la ley del consumidor que en los aspectos técnicos, lo que puede ser un problema cuando se trata de garantizar la seguridad de los productos. La falta de métodos para establecer objetivos en base a riesgos o para guiar a los inspectores durante las visitas de inspección (p. ej. listas de verificación) es también un problema en las distintas áreas regulatorias. Los mejores ejemplos en el país (p. ej., el enfoque basado en riesgos de algunos departamentos del SENASICA) e internacionalmente deben tomarse como una base para desarrollar herramientas basadas en riesgos para todos los campos de inspección.

- **México podría crear un organismo coordinador, como la Comisión de Reguladores de Energía en el sector de energía, pero para las áreas de alimentos y manufactura.** Una mejor coordinación podría reducir las superposiciones que generan una alta carga para las empresas en algunos sectores. México podría combinar esto con un plan para reducir el número de organismos de vigilancia dado que muchos otros países lo han realizado con éxito para volver más eficientes las inspecciones.

- **México debe asegurarse de que los reguladores sectoriales recopilen y compartan datos sobre las inspecciones.** La próxima creación del Registro Nacional de Visitas Domiciliarias a cargo de la CONAMER, podría permitir a las autoridades gubernamentales hacer uso de nuevos datos de inspecciones para enfocarse en empresas que tienen una mayor probabilidad de crear riesgos para los ciudadanos e identificar patrones de incumplimiento con las NOMs. Se pueden consultar las experiencias internacionales en la introducción y el uso de dichos sistemas para asegurarse de que el Registro se convierta en una herramienta útil para las inspecciones basadas en riesgos, en vez de un paso "*ex post*" puramente adicional para los organismos de inspección.

- Como parte de la reforma de la LFMN, **México debe construir un sistema de sanciones flexible que se enfoque en promover el cumplimiento en lugar del castigo.** Esto puede incluir alinear los poderes de sanción y las multas con la gravedad del incumplimiento, en específico con la magnitud del daño o los riesgos para los ciudadanos, así como la diferenciación dependiendo del historial general de cumplimiento, la intención y el beneficio de la violación o de la ausencia de la misma, etc. Las sanciones más serias deben reservarse para las violaciones con mayor probabilidad de causan un daño real a los ciudadanos.

- Por supuesto, las sanciones solo son un medio para promover el cumplimiento. Por lo general, México debería depender menos en advertencias y sanciones que requieran "cumplir o atenerse a las consecuencias". **México debe permitir a los inspectores adoptar un enfoque flexible pero basado en riesgos durante las visitas.** Esto puede incluir no verificar toda la NOM, sino en lugar de ello enfocarse solo en violaciones y riesgos serios. Las inspecciones regulatorias deben tener el objetivo de promover el cumplimiento y encontrar soluciones, en particular para las PyME.

- La corrupción durante las inspecciones ha sido un problema en México. **México debe tener códigos de ética claros y efectivos y capacitación sobre conflictos de interés para los inspectores.** México también puede considerar desarrollar una estrategia gubernamental de recursos humanos para inspectores que lidie con temas como los vínculos con la industria y que establezca los salarios de los inspectores apropiadamente, a modo de atraer y retener profesionales calificados y ayudar a reducir la corrupción.

- **México debe asegurarse de que las inspecciones dentro del país y en la frontera están conectadas y de que los datos se compartan entre las autoridades.** Debe existir un intercambio sistemático de datos e información entre las autoridades competentes dentro del país y las aduanas para asegurarse de que los hallazgos de los controles que indican incumplimiento conduzcan a una acción efectiva para enfocar mejor las inspecciones subsecuentes y bloquear / retirar bienes peligrosos, ya sea en la etapa de importación o de comercialización. Los datos de las aduanas también deben estar disponibles para las autoridades gubernamentales relevantes. Para casos específicos de alto riesgo, este intercambio de información podría permitir a los funcionarios de las aduanas obtener una verificación de la confiabilidad de los certificados directamente de la autoridad gubernamental responsable. Se necesita un mayor trabajo para evaluar y mejorar la situación de controles en la frontera. Los hallazgos de este estudio muestran que esto es una prioridad clave para asegurarse de que el sistema de regulación técnica sea efectivo.

- **La nueva Ley de Fomento a la Confianza Ciudadana es una oportunidad, si se ve seguida de un programa de implementación robusto.** La ley podría permitir el uso de principios de buenas prácticas clave e instrumentos, por ejemplo, la planeación basada en riesgos, la regulación responsable, la consideración de los registros de rastreo de los negocios, entre otras. Sin embargo, resulta esencial recordar que dichas leyes nunca se autoimplementan. Las transformaciones de las prácticas y métodos de inspecciones y de promoción de cumplimiento requerirán un programa de implementación que cubra todos los aspectos (estructuras, recursos y habilidades, datos, métodos y herramientas, etc.).

Nota

[1] Notablemente, la Ley de Fomento a la Confianza Ciudadana y otras iniciativas para reformar el sistema mexicano de regulaciones técnicas incluido el proyecto del Ejecutivo para una Ley de Infraestructura de Calidad.

Referencias

APEC (2000), *APEC Information Notes on Good Practice for Technical Regulation*, APEC, https://www.apec.org/~/media/Files/MinisterialStatements/Annual/2000/00_scsc3_017.doc. [5]

Guasch, J. et al. (2007), *Quality Systems and Standards for a Competitive Edge*, The International Bank for Reconstruction and Development/The World Bank, http://dx.doi.org/10.1596/978-0-8213-6894-7. [6]

ISO (2014), "Using ISO/CASCO standards in regulation". [4]

National Institute of Standards and Technology (2018), *Conformity Assessment Considerations for Federal Agencies*, National Institute of Standards and Technology (NIST), Washington, http://dx.doi.org/doi.org/10.6028/NIST.SP.2000-02. [3]

OECD (2019), *General government spending* (indicator), https://dx.doi.org/10.1787/a31cbf4d-en (accessed on 10 September 2019). [8]

OECD (2018), *Review of International Regulatory Co-operation of Mexico*, OECD Publishing, Paris, https://dx.doi.org/10.1787/9789264305748-en. [1]

OECD (2018), *Standard setting and competition in Mexico 2018*, OECD, http://www.oecd.org/daf/competition/WEB-Standard-setting-Mexico-2018.pdf. [2]

OECD (2017), *Government at a Glance - Country Fact Sheet: Mexico*. [7]

Introducción

Regulaciones técnicas de México (NOMs)

El enfoque de este estudio cubre la implementación y la ejecución de las "NOMs", las regulaciones técnicas mexicanas. Las NOMs son uno de los instrumentos regulatorios que el poder ejecutivo mexicano puede utilizar para perseguir sus objetivos de políticas públicas, junto con las leyes primarias y las regulaciones subordinadas (Tabla 1). Se definen como los instrumentos vinculantes emitidos por los organismos públicos de la administración pública federal que establecen las reglas, especificaciones, atributos, directrices, características o prescripciones aplicables a un producto, proceso, instalación, sistema, actividad, servicio o método de producción u operación, así como las reglas relativas a terminología, simbología, embalaje, marcado o etiquetado[1]. Junto con los estándares mexicanos, las NOMs contribuyen al "sistema de normalización". Sin embargo, los NMX son instrumentos voluntarios que caen fuera del alcance de este estudio.

Tabla 1. Instrumentos regulatorios en México

Instrumentos regulatorios
Leyes primarias
Leyes primarias iniciadas en el poder ejecutivo (alrededor de 9% del universo total de las leyes primarias)
Regulaciones subordinadas
Estatutos
Decretos
Acuerdos o avisos ministeriales
Circulares
Manuales, metodologías, convocatorias, reglas de programación operativas
Regulaciones técnicas
Normas Oficiales Mexicanas – NOM
Estándares
Estándares mexicanos – NMX

Fuente: (OECD, 2018[1]), *Estudio sobre cooperación regulatoria internacional en México*, París, https://dx.doi.org/10.1787/9789264305748-en.

La Ley Federal sobre Metrología y Normalización (LFMN) establece un amplio alcance de aplicación de las regulaciones técnicas. Los artículos 52 y 53 estipulan que todos los productos, procesos, métodos, instalaciones, servicios o actividades nacionales o importadas deben cumplir con las NOM. Al mes de enero de 2020, había 702 NOMs en vigor. Las Secretarías de Salud, Economía, Agricultura, Medio Ambiente y Comunicaciones y Transporte son responsables de más del 75% de todas las NOMs (Figura 1).

Este enfoque otorga un mayor alcance para las "regulaciones técnicas" que aquel que se considera con frecuencia en otros países (Recuadro 1), en particular al ir más allá de la regulación de productos e incluyendo un rango de servicios no industriales y alimentos. Esta diferencia en el alcance explica por qué puede resultar más difícil alinear algunos aspectos de experiencia internacional con los elementos del sistema mexicano. En un intento de mapear el rango de medidas cubiertas por las NOMs en México, el Recuadro 2 las organiza en un número de familias generales con características similares.

Figura 1. NOM por Secretaría o Agencia federal

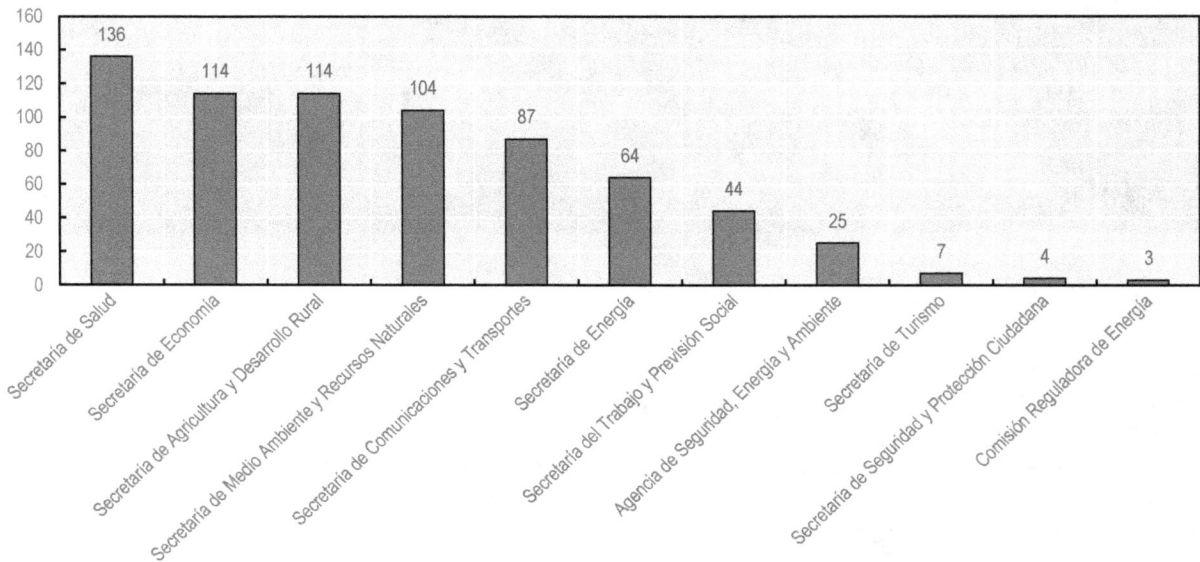

Fuente: DGN (2020).

Recuadro 1. Las definiciones de las regulaciones técnicas

En la UE, la Directiva 2015/1535/EU[1] define regulación técnica como "especificaciones técnicas y otros requisitos o las reglas relativas a los servicios, incluidas las disposiciones administrativas que sean de aplicación y cuyo cumplimiento sea obligatorio, de jure o de facto, para la comercialización, prestación de servicio o establecimiento de un operador de servicios o la utilización en un Estado miembro o en gran parte del mismo, así como, a reserva de las contempladas en el artículo 7, las disposiciones legales, reglamentarias y administrativas de los Estados miembros que prohíben la fabricación, importación, comercialización o utilización de un producto o que prohíben el suministro o utilización de un servicio o el establecimiento como prestador de servicios."

De facto bajo la definición de la UE las regulaciones técnicas incluyen:

1. "Las disposiciones legales, reglamentarias o administrativas de un Estado miembro que remiten ya sea especificaciones técnicas, a otros requisitos o a reglas relativas a los servicios, ya sea a códigos profesionales o de buenas prácticas que a su vez se refieran a especificaciones técnicas, a otros requisitos o a reglas relativas a los servicios, cuya observancia confiere una presunción de conformidad a lo establecido por dichas disposiciones legales, reglamentarias o administrativas;

2. Los acuerdos voluntarios de los que sean parte contratante los poderes públicos y cuyo objetivo sea el cumplimiento, en pro del interés general, de las especificaciones técnicas u otros requisitos, o de reglas relativas a los servicios, con exclusión de los pliegos de condiciones de los contratos públicos; y

3. Las especificaciones técnicas u otros requisitos, o las reglas relativas a los servicios, relacionados con medidas fiscales o financieras que afectan el consumo de los productos o servicios, fomentando la observancia de dichas especificaciones técnicas u otros requisitos o reglas relativas a los servicios; no se incluyen las especificaciones técnicas u otros requisitos ni las reglas relativas a los servicios relacionadas con los regímenes nacionales de seguridad social".

El Acuerdo sobre Obstáculos Técnicos al Comercio (OTC) de **la Organización Mundial del Comercio** (OMC) y sobre la Aplicación de Medidas Sanitarias y Fitosanitarias (SPS) proporciona un sistema de notificación para medidas regulatorias con efectos comerciales potencialmente significativos, así como para acuerdos sobre regulaciones técnicas, estándares o procedimientos de evaluación de conformidad entre los miembros. Para los propósitos de las disciplinas de la OMC, las regulaciones técnicas se definen como: "Documento en el que establecen las características de un producto o los procesos y métodos de producción con ellas relacionados, con inclusión de las disposiciones administrativas aplicables, y cuya observancia es obligatoria. También puede incluir prescripciones en materia de terminología, símbolos, embalaje, marcado o etiquetado aplicables a un producto, proceso o métodos de producción, o tratar exclusivamente de ellas".3

La Guía 2:2004[4] **ISO/IEC** define las regulaciones técnicas como "una regulación que proporciona requisitos técnicos ya sea directamente o haciendo referencia a o incorporando el contenido de un estándar, especificación técnica o código de práctica".

Por lo general se entiende que las "regulaciones técnicas" cubren productos y equipos industriales y, en algunos casos, servicios directamente asociados con ellos. Estas "regulaciones técnicas" comprenden en primer lugar aspectos de seguridad, así como de protección ambiental, pero también pueden regular la información y el etiquetado de los productos, así como otros temas. Generalmente, la seguridad alimentaria no se ve cubierta bajo "regulaciones técnicas", debido a las diferentes formas en las cuales debe garantizarse la seguridad alimentaria, en comparación con la de los productos industriales y, asimismo, la "evaluación de la conformidad" y otros elementos se aplican principalmente a productos no alimenticios.

[1] Directiva 2015/1535/EU https://eur-lex.europa.eu/legal-content/en/txt/pdf/?uri=celex:32015l1535&from=en.
[2] La Circular A-119 de la Oficina de Gestión y Presupuesto de 1998 define los estándares para los propósitos de la Ley Nacional de Transferencia y Avances Tecnológicos de 1995, https://www.whitehouse.gov/wp-content/uploads/2017/11/circular-119-1.pdf.
[3] Anexo 1.1. al Acuerdo de OTC.
[4] ISO, *Estandarización y actividades relacionadas – Vocabulario general*, https://isotc.iso.org/livelink/livelink/fetch/2000/2122/4230450/8389141/iso_iec_guide_2_2004_%28multilingual%29_-_standardization_and_related_activities_--_general_vocabulary.pdf?nodeid=8387841&vernum=-2 (con acceso el 9 de septiembre de 2019).

Recuadro 2. Perspectiva general del uso de las NOMs en México

El uso de las NOMs en México se extiende más allá del alcance de las "regulaciones técnicas" en otros sistemas, cubriendo no solo los requisitos de los productos y abarcando un rango de servicios no industriales y alimentos. Estos usos incluyen lo siguiente, entre otros:

- *NOMs que establecen requisitos técnicos para productos no alimenticios y no agrícolas.* En México, las NOMs pueden contener especificaciones y otros requisitos o reglas sobre productos no alimenticios y no agrícolas y servicios para el uso de consumidores o profesionales. Estas NOMs con frecuencia se orientan a garantizar un alto nivel de protección a la seguridad de los consumidores, el ambiente, entre otros. Un número de estas NOMs lidia exclusivamente con los requisitos de etiquetado de dichos productos. La vigilancia de estas regulaciones técnicas con frecuencia recae en los reguladores sectoriales relevantes y/o la PROFECO.

- *NOMs que estipulan los requisitos técnicos para medicamentos (fármacos y dispositivos médicos).* Un rango de NOMs buscan garantizar un alto nivel de protección a la salud humana estableciendo los requisitos para la aprobación de fármacos y dispositivos médicos, así como reglas de etiquetado y requisitos de buenas prácticas de manufactura (BPM), entre otros. La COFEPRIS, el regulador sectorial responsable de la salud en México, vigila el cumplimiento de estas NOMs.

- *NOMs que establecen requisitos para los productos alimenticios y agrícolas.* Estos temas se ven cubiertos por un rango de NOMs que se relacionan con la composición y el contenido del producto final, proceso de producción, etiquetado y el almacenamiento, manipulación, transporte, comercio, servicios, entre otros. La COFEPRIS y el SENASICA, así como las autoridades estatales son responsables de la supervisión del cumplimiento de la mayoría de estas NOMs.

- *NOMs que establecen el contenido de contratos de adhesión.* Un número de NOMs en México proporciona elementos clave obligatorios para los contratos tipo o de adhesión utilizados en una variedad de sectores regulados. Estos incluyen acuerdos o lenguaje para transacciones como ciertos préstamos, compra de bienes raíces y vehículos, servicios de alquiler de automóviles, entre otros. La mayoría de estas NOMs recaen bajo la responsabilidad de la Secretaría de Economía y su supervisión queda a cargo de la PROFECO.

El desarrollo de las NOMs sigue un proceso sistemático regulado en la LFMN y liderado por la Dirección General de Normas (DGN) dentro de la Secretaría de Economía. Este proceso contempla seis etapas – (Figura 2) que incluyen un procedimiento de evaluación de impacto que vigila la Comisión Nacional de Mejora Regulatoria (CONAMER) y los Comités Consultivos Nacionales de Normalización (CCNN) responsables del desarrollo y monitoreo de una NOM específica, una fase de consulta pública de 60 días y una revisión *ex post* 5 años después de la entrada en vigencia de una NOM.

México ha puesto en pie un fuerte marco de políticas regulatorias (para legislación primaria y secundaria proveniente del poder ejecutivo) liderado por la CONAMER (Figura 3). Sin embargo, al igual que otros países de la OCDE, los esfuerzos de México para fortalecer su marco de política regulatoria se han centrado en las etapas tempranas del "ciclo de vida regulatorio", prestando atención principalmente al diseño de leyes y regulaciones. Este es el caso, en particular, de la reforma del 2018 a la Ley de Mejora Regulatoria que se centró en reforzar las buenas prácticas regulatorias como la RIA. De manera similar, una propuesta que está actualmente bajo discusión en el Congreso tiene como propósito llevar a cabo la reforma de la LFMN, incluyendo el proceso del diseño y desarrollo de las NOMs.

Tanto en México como en los países miembros de la OCDE, hay mucho que mejorar antes de cosechar todos los beneficios de una buena calidad regulatoria (OECD, 2018[2]). En especial, existe la necesidad de acortar la brecha entre el diseño y la implementación y el cumplimiento de las regulaciones. La forma en la cual los gobiernos hacen cumplir sus regulaciones y los estándares resulta crítica. Un cumplimiento inflexible o ineficiente incrementa innecesariamente las cargas administrativas, afecta el cumplimiento y reduce los beneficios de las regulaciones (Hampton, March 2005[3]).

Figura 2. Ciclo de vida de las NOM

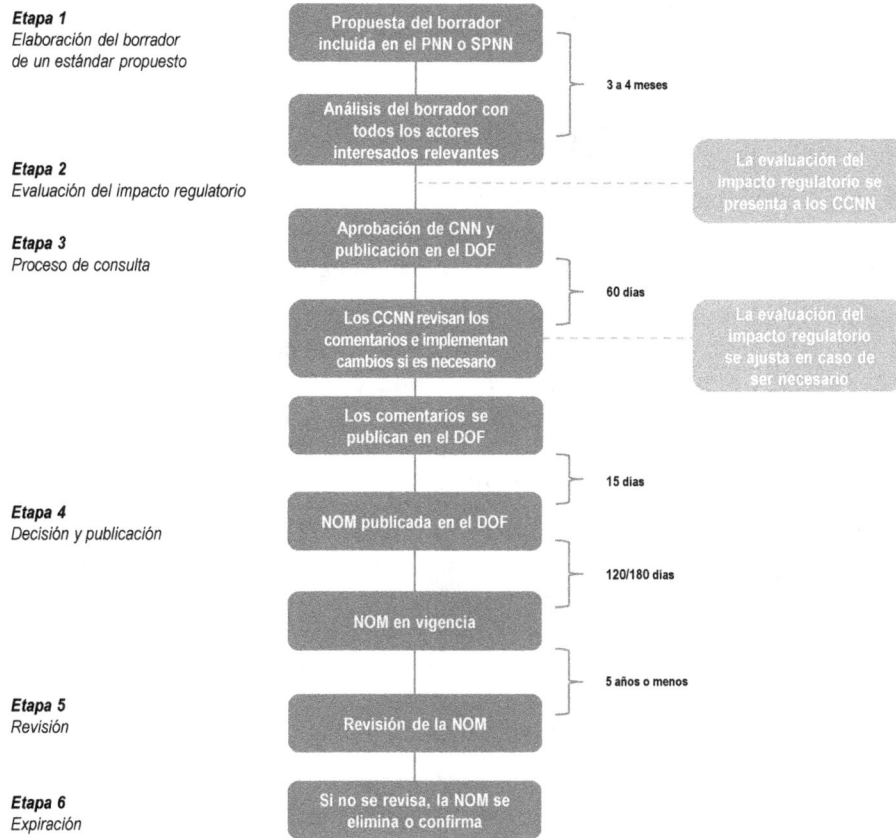

Etapa 1
Elaboración del borrador de un estándar propuesto

Propuesta del borrador incluida en el PNN o SPNN

Análisis del borrador con todos los actores interesados relevantes

3 a 4 meses

Etapa 2
Evaluación del impacto regulatorio

La evaluación del impacto regulatorio se presenta a los CCNN

Etapa 3
Proceso de consulta

Aprobación de CNN y publicación en el DOF

Los CCNN revisan los comentarios e implementan cambios si es necesario

60 días

La evaluación del impacto regulatorio se ajusta en caso de ser necesario

Los comentarios se publican en el DOF

15 días

Etapa 4
Decisión y publicación

NOM publicada en el DOF

120/180 días

NOM en vigencia

5 años o menos

Etapa 5
Revisión

Revisión de la NOM

Etapa 6
Expiración

Si no se revisa, la NOM se elimina o confirma

Nota: el Anexo A incluye una descripción completa del proceso para el desarrollo de las NOM.
Fuente: (OECD, 2018[4]), "Normalización y competencia en México", OCDE, París.

Figura 3. Indicadores de política y gobernanza regulatoria (iREG): México, 2018

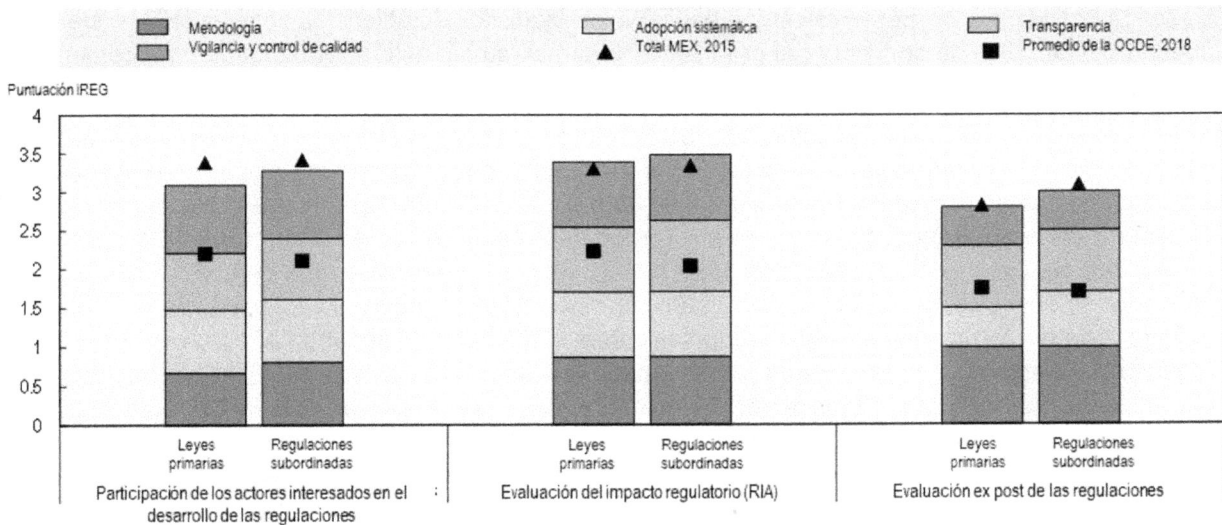

Notas: Mientras más prácticas regulatorias implemente un país como lo recomienda la Recomendación del Consejo sobre Política y Gobernanza *Regulatoria* de la OCDE, mayor será su puntuación. Los indicadores sobre la participación de los actores interesados y la RIA para las leyes primarias sólo cubren aquellos iniciados por el poder ejecutivo (34% de todas las leyes primarias en México).
Fuente: Indicadores de Política y Gobernanza Regulatoria Estudios 2014 y 2017, https://oe.cd/ireg.

Enfrentando los desafíos en la implementación de las regulaciones técnicas

Buenas regulaciones, y su apropiada ejecución, son factores clave para promover la confianza necesaria para crear mercados. En especial, la ejecución y el cumplimiento con las regulaciones técnicas tienen implicancias críticas para los mercados nacionales y el comercio internacional.

Un marco legal sólido para las regulaciones técnicas beneficia a los consumidores al garantizar su seguridad y el funcionamiento normal de los mercados (incluyendo señales sobre precios). Permite a los fabricantes y a los proveedores demostrar la calidad de sus productos entre mercados y evitar inspecciones necesarias. Promover la implementación de las regulaciones técnicas permite a los gobiernos reducir la vigilancia de mercado innecesaria, simplificar la contratación pública, fomentar el desarrollo tecnológico e incrementar los niveles de calidad industrial.

Un marco legal sólido permite a los productores nacionales convertirse en socios confiables para los mercados extranjeros, ya sea como proveedores directos de productos para los consumidores o como participantes en la cadena de suministro internacional. Por el contrario, un mal uso de las regulaciones técnicas crea barreras para el comercio, la innovación, y deteriora la competitividad y el crecimiento. La falta de confianza en el sistema de PEC resultará en un escaso reconocimiento internacional y en una menor demanda de productos mexicanos en el extranjero. Este aspecto resulta de especial importancia para México, para el cual el comercio representa más de un tercio del PIB

Sin embargo, México ha enfrentado desafíos para fortalecer la implementación de las regulaciones técnicas a nivel local. Una alta proporción de productos en México no observan los requisitos y estándares estipulados en las NOMs. La PROFECO reportó en 2018 que alrededor del 20% de los productos no cumplían con las NOMs mexicanas (PROFECO, 2018[5]). Hablando de una forma más generalizada, el sector informal o la economía subterránea (es decir, negocios que operan fuera de los marcos oficiales) es muy grande en México. México posee uno de los mercados grises más grandes entre los países de la OCDE, el segundo solo después de Grecia según cifras de 2015. En 2018, el FMI declaró que la economía subterránea en México[2] representó entre el 24.8% a 31.7% del PIB, una cifra bastante mayor que en cualquier otro país de la OCDE (Schneider, 2018[6])[3]. Es probable que estos negocios no se encuentren sujetos a procesos gubernamentales rigurosos y a los requisitos establecidos bajo las NOMs. De hecho, puede resultar difícil de convencer al gran sector informal, compuesto principalmente des comerciantes individuales, sobre los beneficios de las NOMs.

En la práctica, la ejecución regulatoria de las NOMs en México se organiza en torno a dos pilares: la evaluación de la conformidad, que ocurre en la etapa previa a la comercialización, y las inspecciones regulatorias, que se realizan durante el proceso de producción y/o tras la entrada al mercado (Figura 4). El primer pilar, son los procedimientos de evaluación de la conformidad (PEC) típicamente realizados por organismos de evaluación de la conformidad (OEC). Esto se relaciona con la demostración de que los productos (o servicios, en casos excepcionales) cumplen con los requisitos establecidos en cada NOM, *ex ante,* esto es, antes de que dichos productos entren al mercado. El segundo pilar son las inspecciones regulatorias efectuadas por la entidad gubernamental responsable de cada NOM y/o por la PROFECO. Las inspecciones regulatorias se enfocan en productos o servicios ya autorizados para ingresar al mercado (y/o no sujetos a pre-aprobación). Pueden recaer en procesos y condiciones de producción, o en la conformidad del producto o servicio con los requisitos establecidos en una NOM (*ex post*). Ambos pilares son complementarios y necesarios para asegurar un funcionamiento eficaz de los mercados y el cumplimiento de los objetivos de políticas públicas de cada NOM.

Figura 4. Esquema del cumplimiento regulatorio de las NOMs

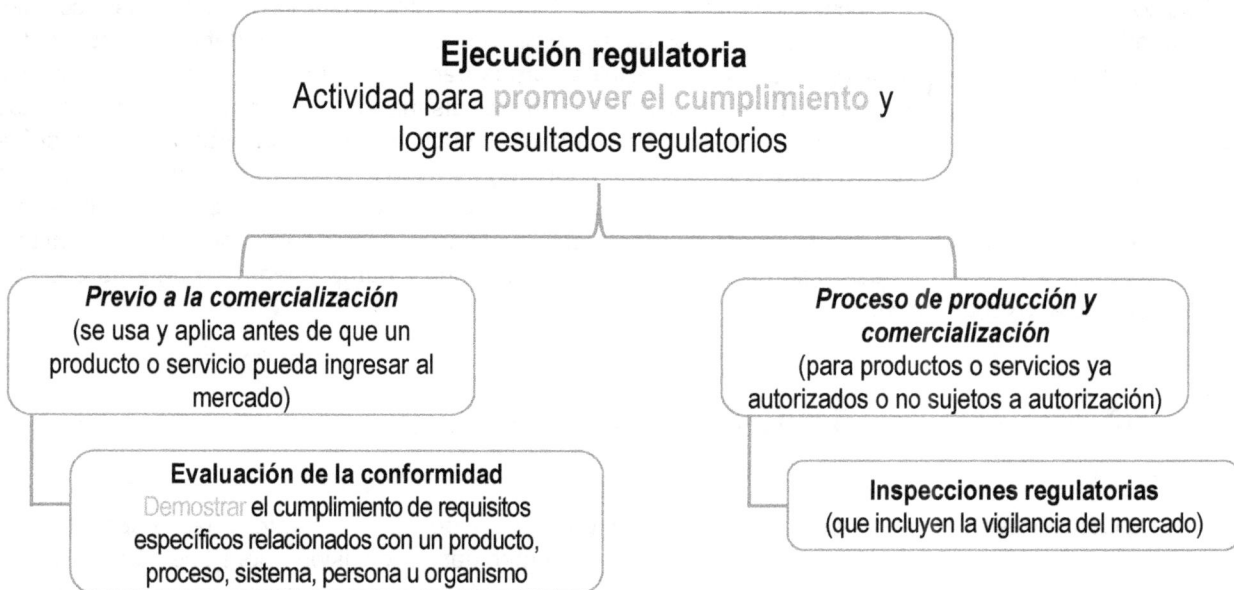

Fuente: elaboración del autor.

Los gobiernos utilizan regulaciones técnicas para garantizar la seguridad y el bienestar de los ciudadanos. Estas permiten garantizar especificaciones particulares de un producto o servicio para reducir los riesgos a la salud, la seguridad o el bienestar de los ciudadanos. No obstante, la sola existencia de las regulaciones técnicas no resulta suficiente para asegurar estos objetivos. Un sistema de regulaciones técnicas exitoso requiere de una infraestructura de calidad nacional (INC) coherente y funcional; es decir, de una interacción de metrología, normalización, acreditación, evaluación de conformidad y vigilancia del mercado que garantice la observancia con los requisitos establecidos bajo las NOMs.

Los procedimientos de evaluación de conformidad (PEC) resultan críticos para conectar de manera efectiva los requisitos estipulados en las regulaciones técnicas con los productos y servicios disponibles en el mercado. La evaluación de conformidad es la demostración de que un producto, proceso, servicio, sistema, persona u organismo cumple con los requisitos regulatorios relevantes (ISO/IEC 17000:2004). La acreditación proporciona una capa adicional de seguridad para verificar que los organismos de evaluación de la conformidad (OEC) cuenten con las competencias y la imparcialidad para llevar a cabo sus funciones.

Una vez que un producto se coloca en el mercado, los gobiernos recurren a inspecciones regulatorias (incluyendo vigilancia del mercado) para monitorear que los productos vendidos continúen cumpliendo con los requisitos establecidos bajo las regulaciones técnicas. Las inspecciones regulatorias de las regulaciones técnicas pueden incluir:

- Pruebas de la calidad de los productos;
- Verificación de tiendas para asegurarse de que los productos sigan cumpliendo las regulaciones técnicas;
- Retiro del mercado de aquellos productos que no cumplan; y/o
- Inspección de fábricas, plantas de energía y equipo industrial que deben cumplir con las regulaciones técnicas.

Los gobiernos deben ser muy cuidadosos respecto a la manera en que diseñan la implementación y ejecución de las regulaciones técnicas y otros requisitos legales. La implementación de las inspecciones regulatorias por sí misma puede tener impactos significativos en la sociedad debido a los costos potenciales para la administración pública, las posibles cargas para las empresas, e impactos para los consumidores. Las inspecciones o programas de vigilancia mal diseñados pueden generar altos costos para los negocios o los consumidores, reducir la competencia u opciones o no garantizar la seguridad de los ciudadanos de forma efectiva. Para apoyar a los países en esta labor, la OCDE desarrolló Principios sobre Mejores Prácticas y una Guía para el Cumplimiento de las Normas e Inspecciones. La Guía presenta una lista de verificación de 12 criterios para ayudar a los funcionarios, reguladores, actores relevantes y a los expertos a evaluar el desarrollo de sistemas de inspecciones y cumplimiento en un país o en un sector particular (Recuadro 3).

Recuadro 3. Principios de la OCDE sobre las Mejores Prácticas para el Cumplimiento de las Normas e Inspecciones

1. Cumplimiento basado en la evidencia: la promoción del cumplimiento y las inspecciones regulatorias se deben basar en la evidencia y en medidas; la decisión sobre qué inspeccionar y cómo debe fundarse en datos y evidencia; y los resultados deben evaluarse con regularidad.

2. Selectividad: la promoción del cumplimiento y la ejecución de las leyes debe dejarse, siempre que sea posible, a las fuerzas del mercado, a acciones del sector privado y las actividades de la sociedad civil; las inspecciones y promoción del cumplimiento no pueden llevarse a cabo en todas partes ni abordar todo, y existen muchas otras formas de lograr los objetivos de las regulaciones.

3. Enfoque del riesgo y proporcionalidad: el cumplimiento necesita basarse en los riesgos y ser proporcional; la frecuencia de las inspecciones y los recursos empleados debe ser proporcional al nivel de riesgo y las acciones de cumplimiento se deben dirigir a reducir el riesgo real impuesto por las infracciones.

4. Regulación responsiva: el hacer cumplir las normas debe basarse en principios de "regulación responsiva"; es decir, las acciones de promoción del cumplimiento e inspecciones deben modularse dependiendo del perfil y el comportamiento de negocios específicos.

5. Visión de largo plazo: los gobiernos deben adoptar políticas en materia de inspecciones y promoción del cumplimiento de las normas; así como mecanismos institucionales con objetivos definidos y un mapa de ruta de largo plazo.

6. Coordinación y consolidación: las funciones de inspección deben ser coordinadas y, cuando sea necesario, consolidadas; con menos duplicaciones y superposiciones se asegura un mejor uso de los recursos públicos, minimizando las cargas sobre los sujetos regulados y maximizando la efectividad.

7. Gobernanza transparente: las estructuras de gobernanza y las políticas de recursos humanos para la promoción del cumplimiento de las regulaciones, deben basarse en la transparencia, el profesionalismo y la gestión por resultados. La promoción del cumplimiento de las normas debe estar libre de toda influencia política y los esfuerzos para la promoción del cumplimiento deben ser recompensados.

8. Integración de la información: se deben emplear tecnologías de la información para maximizar el enfoque de riesgos, la coordinación y el uso compartido de información así como el uso óptimo de los recursos.

---

9. Procesos claros y justos: los gobiernos deben garantizar reglas y procesos claros para las inspecciones y para la promoción del cumplimiento. Se debe adoptar y publicar una legislación coherente y adecuada y articular claramente los derechos y obligaciones de los funcionarios y de las empresas.

10. Promoción del cumplimiento: se debe promover la transparencia y el cumplimiento de las normas mediante el empleo de instrumentos apropiados, como guías, herramientas y las listas de verificación.

11. Profesionalismo: los inspectores deben ser capacitados y dirigidos de manera que se asegure su profesionalismo, integridad, consistencia y transparencia. Todo ello exige un entrenamiento sustancial, con un enfoque no sólo en lo técnico, sino también en destrezas generales relacionadas con las inspecciones, además de guías oficiales para los inspectores a fin de asegurar la consistencia e imparcialidad.

12. Poniendo los pies en la tierra: las instituciones a cargo de las inspecciones y de hacer cumplir las normas y el sistema de promoción del cumplimiento en general, todo deben alcanzar los niveles de desempeño que se espera de ellos, en términos de satisfacción de los interesados, eficiencia (beneficios/costos) y efectividad total (seguridad, salud, protección ambiental, etc.).

Fuente: (OECD, 2018[7]), Cumplimiento e Inspecciones Regulatorias de la OCDE, París, https://doi.org/10.1787/9789264303959-en.

Estructura del estudio

Este informe destaca las oportunidades y los puntos de entrada para asegurar una mejor ejecución regulatoria de las regulaciones técnicas (NOMs) en México. Para este propósito, el Capítulo 1 proporciona una descripción general de los marcos legales e institucionales que rigen la implementación y el cumplimiento de las regulaciones técnicas. El capítulo describe las principales leyes y políticas sobre regulaciones técnicas, delinea las instituciones que participan en su desarrollo e implementación y proporciona una descripción general de las reformas recientes y en curso que afectan las NOMs. El Capítulo 2 se enfoca en la ejecución regulatoria de las NOMs antes de la entrada al mercado de los productos, presentando los marcos generales de evaluación de conformidad y acreditación aplicables en México e ilustraciones sectoriales específicas de técnicas de evaluación de conformidad. Por último, el Capítulo 3 los mecanismos de inspección regulatoria utilizados para supervisar, promover y accionar el cumplimiento de las NOMs (incluyendo actividades de vigilancia de mercado). El capítulo entrega una descripción general de los recursos y los enfoques utilizados para organizar las inspecciones y las actividades de cumplimiento normativo, y analiza los retos del sistema mexicano comparándolos con los Principios y la Guía de la OCDE sobre las Mejores Prácticas para el Cumplimiento de las Normas e Inspecciones.

Notas

[1] Artículo 3, XI de la Ley Federal sobre Metrología y Normalización.

[2] Para el documento, los autores definieron la economía subterránea como todas las actividades ocultas para las autoridades oficiales por razones monetarias, regulatorias e institucionales.

[3] El país de la OCDE con la economía subterránea más pequeña es Suiza con el 6.94% en 2015.

Referencias

Hampton, P. (March 2005), "The Hampton Review – Final Report", in *Reducing administrative burdens – effective inspection and enforcement*, HM Treasury. [3]

OECD (2018), *OECD Regulatory Enforcement and Inspections Toolkit*, OECD Publishing, Paris, https://dx.doi.org/10.1787/9789264303959-en. [7]

OECD (2018), *OECD Regulatory Policy Outlook 2018*, OECD Publishing, Paris, https://dx.doi.org/10.1787/9789264303072-en. [2]

OECD (2018), *Review of International Regulatory Co-operation of Mexico*, OECD Publishing, Paris, https://dx.doi.org/10.1787/9789264305748-en. [1]

OECD (2018), *Standard setting and competition in Mexico 2018*, OECD, http://www.oecd.org/daf/competition/WEB-Standard-setting-Mexico-2018.pdf. [4]

PROFECO (2018), *Informe Anual*, https://www.gob.mx/cms/uploads/attachment/file/485958/INFORME_ANUAL_PROFECO_2018.pdf. [5]

Schneider, F. (2018), "Shadow Economies Around the World: What Did We Learn Over the last 20 Years?", *IMF Working Paper Series*. [6]

1 La organización de la implementación y el cumplimiento de las regulaciones técnicas en México: marco y actores

Este capítulo describe el contexto legal e institucional para la implementación y el cumplimiento de las regulaciones técnicas en México. Proporciona una descripción general del sistema de normalización y metrología de México, identificando las principales leyes y políticas que rigen a las regulaciones técnicas y las instituciones involucradas en su desarrollo, implementación y cumplimiento.

Introducción

El Sistema de Regulaciones Técnicas y Normalización mexicano se funda en la Ley Federal sobre Metrología y Normalización (LFMN) aprobada en 1992 en un contexto de creciente integración comercial y económica en México. Desde su creación, la LFMN ha sido objeto de un número de enmiendas. Tras la adopción del Tratado de Libre Comercio de América del Norte (TLCAN) en 1994, la LFMN se modificó en 1997 para alinear el sistema de normalización mexicano con los marcos de sus principales socios comerciales, Estados Unidos y Canadá. Desde el 2017, el Congreso ha estado discutiendo una propuesta de reforma que busca reducir los tiempos para el desarrollo y la revisión de las NOMs y asegurar una mejor calidad de los procedimientos de evaluación de la conformidad.

En conjunto con la LFMN, el régimen por defecto para la implementación y el cumplimiento de las NOMs es la Ley Federal de Procedimiento Administrativo (LFPA) y ciertas disposiciones de la Ley Federal de Protección al Consumidor (LFPC), la nueva Ley General de Mejora Regulatoria y la Ley de Comercio Exterior. Sin embargo, en ciertos sectores, leyes especiales crean regímenes alternativos para las regulaciones técnicas que son competencia de dependencias descentralizadas y desconcentradas.

Para entender el contexto de implementación y cumplimiento de las regulaciones técnicas en México, este capítulo identifica las principales leyes y políticas que regulan las NOMs y las instituciones involucradas en su desarrollo, implementación y cumplimiento. El proceso lo coordina principalmente la Secretaría de Economía (SE) a través de su Dirección General de Normas (DGN) pero involucra a muchos más actores interesados que incluyen organismos del sector público con autoridad para emitir e implementar NOM, entidades técnicas y empresas de un rango de sectores de la industria.

Los marcos legales que regulan la implementación y el cumplimiento de las NOMs en México

El sistema general para la implementación y cumplimiento de las NOMs está encabezado por la LFMN junto con su Reglamento (RLFMN). Las acciones específicas sobre inspecciones son reguladas por la LFPA y la LFPC. Además de estas tres leyes, tanto la nueva Ley General de Mejora Regulatoria como la Ley de Comercio Exterior incluyen las disposiciones relacionadas con el cumplimiento de las NOMs.

Este sistema general resulta aplicable únicamente en la medida en que no exista ninguna ley especial que regule la implementación y cumplimiento de las NOMs. En ciertos sectores, hay leyes especiales que prevalecen sobre las disposiciones mencionadas lo que resulta en la creación de regímenes alternativos para entidades descentralizadas y desconcentradas. Tal es, por ejemplo, el caso de las NOMs aplicables bajo la Ley General de Salud.

La legislación para la implementación y cumplimiento de las NOM

La Ley General sobre Metrología y Normalización (LFMN) es la columna vertebral del sistema de regulaciones técnicas mexicano. El sistema establecido en la LFMN se estructura alrededor de cuatro componentes clave (OECD, 2018[1]):

- Normalización – para el desarrollo de NOMs obligatorias y NMXs voluntarias;
- Metrología – para un sistema de medición confiable;
- Acreditación – para una competencia adecuada de los organismos certificadores; y
- Evaluación de la conformidad – para probar el cumplimiento con las NOMs y NMXs.

En el área de metrología, la LFMN crea el Centro Nacional de Metrología (CENAM) responsable de mantener patrones nacionales de medida. La ley también establece las reglas para las unidades de medición y describe el Sistema Nacional de Calibración responsable de la confiabilidad y uniformidad de las mediciones en el país. Por último, la LFMN también establece los requisitos para la fabricación, la comercialización y el uso de los instrumentos y patrones de medición.

La LFMN describe los procedimientos y las entidades involucradas en el desarrollo e implementación de las NOMs obligatorias y las NMXs voluntarias y las definiciones clave relacionadas (Recuadro 1.1). La ley introduce: i) un proceso de consulta pública de 60 días; ii) una agenda de planeación bianual para las NOMs y las NMXs; iii) evaluaciones sistemáticas *ex post* (al menos) cada 5 años. Además, la LFMN regula la estructura de acreditación y los procedimientos de evaluación de la conformidad aplicables en México. La ley establece los poderes y los deberes de la Secretaría de Economía y otras dependencias competentes para vigilar el cumplimiento con sus disposiciones, y establece detalles de los procedimientos de inspección y un marco de sanciones aplicables por incumplimiento.

La LFMN se encuentra actualmente bajo revisión, el Congreso está analizando una propuesta para reformar la ley presentada en 2017. La propuesta busca reducir los cronogramas para el desarrollo y la revisión de las NOMs y asegurar una mejor calidad de los procedimientos de evaluación de conformidad.

Recuadro 1.1. Conceptos clave en la LFMN

- **NOM.** "Regulación técnica de observancia obligatoria expedida por las dependencias competente, conforme a las finalidades establecidas, que establece reglas, especificaciones, atributos, directrices, características o prescripciones aplicables a un producto, proceso, instalación, sistema, actividad, servicio o método de producción u operación, así como a aquellas relativas a la terminología, simbología, embalaje, marcado o etiquetado y las que se refieran a su cumplimento o aplicación."

- **NMX.** "La que elabore un organismo de nacional normalización o la Secretaría de Economía, en los términos de la LFMN, que prevé para un uso común y repetido de reglas, especificaciones, atributos, métodos de prueba, directrices, características o prescripciones aplicables a un producto, proceso, instalación, sistema, actividad, servicio o métodos así de producción u operación, así como aquellas relativas a terminología, simbología, embalaje, marcado o etiquetado."

- **Evaluación de la conformidad.** "La determinación del grado de cumplimiento con las normas oficiales mexicanas o la conformidad con las normas mexicanas, las normas internacionales u otras especificaciones, prescripciones o características. Comprende, entre otros, los procedimientos de muestreo, prueba, calibración, certificación y verificación."

- **Acreditación.** "El acto por el cual una entidad de acreditación reconoce la competencia técnica y confiabilidad de los organismos de certificación, de los laboratorios de pruebas, de los laboratorios de calibración y de las unidades de verificación para la evaluación de la conformidad."

- **Certificación.** "Procedimiento por el cual se asegura que un producto, proceso, sistema o servicio se ajusta a las normas o lineamientos o recomendaciones de organismos dedicados a la normalización nacionales o internacionales."

- **Unidad de verificación.** "La persona física o moral que realiza actos de verificación."

- **Verificación.** "La constatación ocular o comprobación mediante muestreo, medición, pruebas de laboratorio o examen de documentos que se realizan para evaluar la conformidad en un momento determinado."

Fuente: LFMN, Artículo 3.

La Ley Federal de Procedimiento Administrativo (LFPA) es el principal cuerpo legal que aborda las buenas prácticas regulatorias en México. Regula en forma general la actividad de inspección de las autoridades administrativas. El Capítulo 11 de la LFPA otorga a estas autoridades las facultades para verificar el cumplimiento con leyes y regulaciones y estipula de manera explícita los requisitos que deben ser observados por los funcionarios públicos en las inspecciones. El Título Cuarto de la LFPA establece los principios generales sobre infracciones y sanciones administrativas, incluyendo una lista no taxativa de las sanciones administrativas que las dependencias pueden aplicar y los procedimientos para apelar a dichas sanciones.

La Ley Federal de Protección al Consumidor (LFPC) proporciona el marco legal para la protección de los consumidores en México, incluyendo los derechos de los consumidores y los deberes correspondientes de la Secretaría de Economía y la PROFECO. La LFPC otorga a la DGN la responsabilidad de desarrollar NOMs y NMXs en un rango de áreas que incluyen, entre otros, el etiquetado de productos, publicidad y los contratos tipo. Además, la ley faculta a la PROFECO para vigilar el cumplimiento con las NOMs emitidas por la Secretaría de Economía cuando ninguna dependencia específica esté encargada del cumplimiento por una ley especial o por disposición específica en una NOM.

La Ley de Comercio Exterior (LCE) establece el marco legal para las prácticas de comercio de México incluyendo ciertas disposiciones respecto a las regulaciones técnicas. En específico, otorga a la Secretaría de Economía la facultad de determinar las NOMs cuyo cumplimiento deben vigilar los funcionarios de aduanas en los puntos de entrada y los aranceles aplicables a las exportaciones cubiertas por las NOMs (LCE, artículo 26). Cabe destacar que las disposiciones legales específicas relativas a los compromisos con la OMC en materia de regulaciones (en especial la notificación bajo MSF y OTC, equivalencia y reconocimiento mutuo) caen bajo la LFMN y sus estatutos.

La Ley General de Mejora Regulatoria aprobada en 2018 establece el alcance y base para el desarrollo de la política regulatoria en México. La ley crea el Sistema Nacional de Mejora Regulatoria y reforma la función de la CONAMER. En la actualidad, se encuentra en curso la puesta en marcha de ciertas disposiciones de la ley que son relevantes para la promoción del cumplimiento de las regulaciones técnicas. Esta ley prevé la creación de un Registro Nacional de Visitas Domiciliarias que lista a todos los funcionarios públicos autorizados para llevar a cabo actividades de inspección y verificación, incluyendo sobre NOMs.

Por último, la Ley de Adquisiciones, Arrendamientos y Servicios del Sector Público y la Ley de Obras Públicas y Servicios Relacionados con las Mismas que conforman el marco de adquisiciones públicas en México, prevén el cumplimiento de las NOMs en las compras y obras públicas.

Implementación y cumplimiento de las NOMs bajo leyes sectoriales específicas

Existen marcos legales especiales para la implementación y el cumplimiento de las NOMs emitidas por ciertas dependencias descentralizadas y desconcentradas. Estos regímenes especiales se establecen bajo leyes sectoriales y alteran algunas de las reglas sobre acreditación y/o inspección de las NOMs contempladas en la LFMN. En la práctica, estas leyes facultan a dependencias específicas para establecer procesos de evaluación de la conformidad que difieren del sistema regulado bajo la LFMN o crean procedimientos *ad-hoc* para el desarrollo de instrumentos similares a las NOM. La Tabla 1.1 incluye un listado de leyes que contemplan excepciones a la LFMN o que establecen regímenes especiales para la implementación y el cumplimiento de las NOMs. La Tabla 1.2 entrega un resumen de algunos de estos regímenes especiales.

Tabla 1.1. Lista de leyes que contemplan excepciones a la LFMN o regímenes especiales para la implementación y el cumplimiento de las NOMs

Nombre de la ley
Ley General de Salud
Ley Federal de Sanidad Vegetal
Ley Federal de Sanidad Animal
Ley General de Pesca y Acuacultura Sustentables
Ley de Productos Orgánicos
Ley Federal de Telecomunicaciones
Ley de Hidrocarburos y Ley de los Órganos Reguladores Coordinados en Materia Energética
Ley Federal del Trabajo
Ley Federal de Bioseguridad de Organismos Genéticamente Modificados
Ley de Organizaciones Ganaderas
Ley General de Vida Silvestre
Ley de Desarrollo Rural Sustentable
Ley Federal de Producción, Certificación y Comercio de Semillas
Ley Federal de Variedades Vegetales
Ley sobre Elaboración y Venta de Café Tostado
Ley Federal del Mar
Ley de Desarrollo Sustentable de la Caña de Azúcar
Ley de Obras Públicas y Servicios Relacionados con las Mismas
Ley de la Propiedad Intelectual

Tabla 1.2. Resumen de regímenes especiales seleccionados para la implementación y el cumplimiento de las NOMs

	Regulador sectorial	Ley	Alcance del régimen especial
Salud	*Secretaría de Salud* COFEPRIS	Ley General de Salud	Verificación y muestreo de productos, actividades y servicios regulados por la Ley General de Salud.
Alimentos y agricultura	SADER SENASICA	Ley Federal de Sanidad Vegetal Ley Federal de Sanidad Animal Ley General de Pesca y Acuacultura Sustentables Ley de Productos Orgánicos	Certificación de productos e inspección.
Energía	Agencia de Seguridad, Energía y Ambiente (ASEA), Comisión Nacional de Hidrocarburos (CNH), la Comisión Reguladora de Energía (CRE)	Ley de Hidrocarburos y Ley de Órganos Reguladores Coordinados en Materia Energética	Inspección de NOMs y desarrollo e inspección de instrumentos similares a las NOMs (disposiciones administrativas generales).
Telecomunicaciones	Instituto Federal de Telecomunicaciones (IFT)	Ley Federal de Telecomunicaciones	Desarrollo de instrumentos similares a las NOMs, la certificación y evaluación de conformidad de productos, reconocimiento bajo MRA e inspección.

Nota: Las disposiciones administrativas generales son instrumentos legales que no están sujetas a la LFMN y diferentes de las NOMs pero en ocasiones con contenido similar.
Fuente: Elaboración propia del autor.

Implementación y promoción del cumplimiento de las NOMs en el sector salud

El marco legal sobre la implementación y la promoción del cumplimiento de las NOMs en el sector salud lo proporcionan la LFMN y la LFPA junto con las siguientes leyes y regulaciones sectoriales:

- Ley General de Salud (LGS);
- Reglamento de la Comisión Federal para la Protección contra Riesgos Sanitarios;
- Reglamento de Control Sanitario de Productos y Servicios; y
- Reglamento de la Ley General de Salud en Materia de Control Sanitario de Actividades, Establecimientos, Productos y Servicios.

La LGS establece mecanismos de promoción de cumplimiento específicos, así como las sanciones por incumplimiento con las NOMs relacionadas a la salud, las que son reconocidas en la LFMN como un régimen especial (LFMN, artículo 108). La Secretaría de Salud (SSA) y la Comisión Federal para la Protección Contra Riesgos Sanitarios (COFEPRIS) son responsables de las NOMs en el sector salud. La COFEPRIS vigila el cumplimiento de cuatro regulaciones sobre dispositivos médicos, control sanitario de productos y servicios, salud ambiental y pesticidas. En total, 81 NOMs son competencia de la COFEPRIS. Un número de estas NOMs no incluyen un PEC específico ya que su evaluación se realiza por defecto a través de mecanismos de inspección y análisis sanitarios establecidos en la LGS.

Implementación y promoción del cumplimiento de las NOMs en el sector de alimentos y agricultura

El marco legal aplicable a las NOMs sobre alimentos y agricultura también reconoce excepciones del régimen general de la LFMN y la LFPA. Este régimen especial incluye entre otras, las siguientes leyes:

- Ley Federal de Sanidad Vegetal (LFSV);
- Ley Federal de Sanidad Animal (LFSA);
- Ley General de Pesca y Acuacultura Sustentables (LGPAS);
- Ley de Productos Orgánicos;
- Ley de Bioseguridad de Organismos Genéticamente Modificados; y
- Ley de Organizaciones Ganaderas.

Algunas de estas leyes otorgan facultades a la Secretaría de Agricultura y Desarrollo Rural (SADER), a través del Servicio Nacional de Sanidad Inocuidad y Calidad Agroalimentaria (SENASICA), para establecer procesos de evaluación de la conformidad fuera de la LFMN. Al hacer uso de estas facultades, el SENASICA puede autorizar a terceros especiales para realizar ciertas técnicas de evaluación. Estos terceros, conocidos como "Terceros Coadyuvantes", son regulados especialmente por el SENASICA y no están acreditados siempre por la EMA. Este es el caso contemplado en las Leyes Federales de Sanidad Animal y de Sanidad Vegetal. De igual forma, la Ley de Productos Orgánicos establece un régimen especial para el control y la certificación, destacando que la LFMN actúa como un sistema complementario.

Cabe destacar que no existe una ley de seguridad de alimentos omnicomprensiva en México que regule toda la cadena alimenticia, mientras que la existencia de dicha ley se considera, por lo general, una buena práctica internacional (Cf. FAO *Modelo de Ley Alimentaria* y *Codex Alimentarius*). Evidencia de entrevistas demuestra que esto se corresponde con la situación en la que algunos temas de importancia para la seguridad no son objeto de regulaciones obligatorias claras. En lugar de ello, las dependencias (en particular el SENASICA) deben arreglárselas con documentos guía basados en prácticas y normas internacionales. Aun cuando, en general, la capacidad técnica para promover el cumplimiento parece ser más fuerte en el sector de alimentos que para artículos de consumo no alimenticios, el marco legal (NOMs) parece más desarrollado y exhaustivo para los productos no alimenticios que para los alimenticios.

Implementación y promoción del cumplimiento de las NOMs en el sector de energía

Tras una reforma en 2014, México cuenta con tres agencias en el sector energético: la Agencia de Seguridad, Energía y Ambiente (ASEA), la Comisión Nacional de Hidrocarburos (CNH) y la Comisión Reguladora de Energía (CRE). Estas agencias están facultadas bajo la Ley de Hidrocarburos y Ley de Órganos Reguladores Coordinados en Materia Energética para desarrollar NOMs u otros instrumentos no regulados por la LFMN, como las Disposiciones Administrativas de Carácter General (DACG) similares a las NOMs. La CRE vigila los dos Comités Consultivos Nacionales de Normalización (CCNN) responsables del desarrollo de NOMs en materia de electricidad e hidrocarburos, recursos petroleros y petroquímicos. La ASEA dirige el trabajo del comité responsable de las NOMs para seguridad industrial y protección ambiental en el sector de hidrocarburos.

Las agencias también están encargadas de la promoción del cumplimiento de estas NOMs y DACG, pese a que algunas veces esta función puede delegarse a terceros autorizados que operan bajo un sistema paralelo al de la LFMN. Por ejemplo, la Ley de la Industria Eléctrica estipula que las unidades de verificación acreditadas bajo la LFMN son responsables de la demostración de cumplimiento con ciertas NOMs, mientras que las unidades de inspección aprobadas por la CRE certifican el cumplimiento con otros tipos de especificaciones técnicas. La ASEA tiene autoridad para otorgar y suspender licencias y autorizaciones, realizar inspecciones y controles de calidad y emitir recomendaciones para acciones correctivas en el área de seguridad industrial y protección ambiental. La ASEA también permite inspecciones de terceros certificados autorizados y evaluados autorización por la propia ASEA y la EMA. Por ejemplo, los inspectores de tercera parte pueden verificar la seguridad de un proyecto petrolero en aguas profundas (Garcia, 2017[2]).

Implementación y promoción del cumplimiento de las NOMs en el sector de telecomunicaciones

La Ley Federal de Telecomunicaciones (LFTR) autoriza al Instituto Federal de Telecomunicaciones (IFT) a publicar disposiciones técnicas obligatorias que establecen las características de los productos y servicios de telecomunicación, así como el proceso de evaluación y los requisitos técnicos necesarios para la instalación del equipo, los sistemas y/o la infraestructura. Estas disposiciones técnicas están sujetas a un proceso de desarrollo a cargo del IFT fuera de la LFMN. Además, el IFT tiene la facultad de vigilar la implementación y el cumplimiento de estas disposiciones técnicas, incluyendo su certificación y otros procesos de evaluación de la conformidad, así como la aplicación de los acuerdos de reconocimiento mutuo (MRA)[1]. Desde el 2013, el IFT ha publicado 15 disposiciones técnicas. Por ejemplo, la IFT-011-2017 establece las especificaciones técnicas para Equipo Terminal Móvil autorizado para usar el espectro del radio o conectarse a redes de telecomunicaciones; y establece los métodos de prueba para verificar el cumplimiento con dichas especificaciones[2].

Instituciones involucradas en la implementación y promoción del cumplimiento de las regulaciones técnicas en México

Un gran número de actores públicos y privados participan en los diferentes componentes del Sistema de Regulaciones Técnicas y Normalización de México. En total, el sistema incluye 13 reguladores sectoriales, 15 agencias federales, 10 entidades privadas, 10 organismos de normalización nacionales (responsables de las NMXs) y más de 2,800 entidades privadas altamente especializadas involucradas en la evaluación de la conformidad (Cámara de Diputados del Congreso General de los Estados Unidos Mexicanos, 2017[3]). La Tabla 1.3 resume los actores clave involucrados en el ciclo de vida de las NOMs en México.

Tabla 1.3. Actores involucrados en el ciclo de vida de las NOMs

	Desarrollo de NOMs	Metrología	Acreditación	Procedimientos de evaluación de conformidad	Inspección regulatoria y/o vigilancia del mercado
DGN	•	•			
CONAMER	•				
Reguladores sectoriales	•			•	•
CENAM	•	•			•
EMA	•		•		
Organismos de evaluación de la conformidad	•			•	•
PROFECO	•			•	•
Sociedad civil y negocios	•				
Aduanas					•

Nota: las facultades de inspección de CENAM recaen sobre equipos de medición.
Fuente: elaboración del autor.

La Secretaría de Economía, a través de la Dirección General de Normas (DGN) desempeña un papel clave en el Sistema de Regulaciones Técnicas Mexicano con amplias responsabilidades que incluyen la coordinación con otras entidades para garantizar el cumplimiento de la LFMN, y vigilar el proceso de desarrollo e implementación de las NOMs y NMXs. La Secretaría de Economía encabeza la relación entre el gobierno y la Entidad Mexicana de Acreditación (EMA).

La DGN dirige el Programa Nacional de Normalización (PNN), una agenda de planeación anticipada para las regulaciones técnicas y los estándares voluntarios; vigila la adopción de estándares internacionales y es responsable del período de consulta de 60 días para NOMs y su revisión *ex post* cada 5 años (Anexo A). Además, está a cargo de mantener un registro de todas las NOMs, NMXs, ONNs, entidades de acreditación y organismos acreditados y aprobados. La DGN también supervisa la conclusión de los Acuerdos de Reconocimiento Mutuo (MRA) y Multilateral (MLA).

Además de sus funciones coordinadoras, la DGN también está facultada por la LFMN para publicar NOMs y vigilar su implementación y cumplimiento. La DGN es responsable de 136 NOM. Además, el Reglamento Interno de la Secretaría de Economía otorga a la DGN la facultad de verificar e inspeccionar el cumplimiento con las regulaciones de metrología y normalización, y autorizar a las entidades de acreditación nacionales[3].

La Comisión Nacional de Mejora Regulatoria o CONAMER es el organismo central a cargo de mejorar las regulaciones en México. Es responsable de asegurar la calidad regulatoria de las leyes, las regulaciones subordinadas y las NOMs haciendo uso de herramientas como las evaluaciones de impacto regulatorio *ex ante* y *ex post* y la participación de actores interesados. Las NOMs están sujetas a un doble control de calidad dado que sus evaluaciones de impacto regulatorio (RIA) son revisadas por la CONAMER y por los Comités Consultivos Nacionales (CCNN) establecidos para diseñar y vigilar la implementación de NOMs específicas.

El Centro Nacional de Metrología (CENAM) es un organismo descentralizado creado por la LFMN para actuar como laboratorio de referencia para los patrones nacionales de medida. A la fecha el CENAM ha desarrollado un número de patrones nacionales de medida utilizados como referencias para garantizar la uniformidad y la confiabilidad de las mediciones nacionales. El CENAM es el actor clave en el sistema de metrología mexicano. En ocasiones, el CENAM también realiza servicios de evaluación de la conformidad tales como calibración, verificaciones y aprobación de programas informáticos y prototipos. Por ejemplo, el CENAM es el organismo competente para verificar el cumplimiento con algunos de los requisitos contemplados en la regulación técnica sobre sistemas de medición y despacho de gasolina y otros combustibles (NOM-005-SCFI-2011). De manera similar, el CENAM está autorizado para emitir certificados para empresas que sometidas a auditorías ambientales bajo la Ley General del Equilibrio Ecológico y la Protección al Ambiente.

Trece **reguladores sectoriales** participan en la implementación y promoción del cumplimiento de las regulaciones técnicas en México. De acuerdo con la LFMN, las dependencias están a cargo de desarrollar los procedimientos de evaluación de la conformidad para las NOMs bajo su competencia y lleva a cabo inspecciones para asegurar que los productos y servicios cumplan con las regulaciones técnicas (LFMN, artículos 68 y 91). Además, la LFMN exige que las dependencias se coordinen con otras agencias para garantizar el cumplimiento de las NOMs. Sin embargo, la coordinación para la implementación de las regulaciones técnicas cuando dos o más reguladores poseen facultades supervisoras es escasa y se realiza en una forma ad-hoc.

La Entidad Mexicana de Acreditación (EMA) es un organismo privado sin fines de lucro establecido en 1999 para otorgar reconocimiento formal a los organismos de evaluación de la conformidad en México a través de la acreditación. La EMA está autorizada por la Secretaría de Economía y, además, aprobada por la Comisión Nacional de Normalización (CNN). A la fecha, la EMA es la única entidad de acreditación de organismos de evaluación de la conformidad en México. Estos incluyen laboratorios de pruebas, laboratorios de calibración, laboratorios médicos, organismos de inspección y organismos certificación, ensayos de aptitud y organismos de verificación/validación de emisiones de gases de efecto invernadero. La EMA es reconocida por organizaciones de acreditación internacionales, incluyendo el Foro Internacional de Acreditación (IAF) y la Cooperación Internacional de Laboratorios de Acreditación de Laboratorios (ILAC).

La LFMN permite a las dependencias realizar directamente procedimientos de evaluación de la conformidad, o aprobar y autorizar a **organismos de evaluación de la conformidad (OEC)** acreditados por la EMA para llevar a cabo estas tareas. Los OEC en México, incluyen entre otros, laboratorios de calibración, organismos de verificación y organismos de certificación. De acuerdo con las respuestas de la EMA a un cuestionario de la OCDE, el panorama de los organismos de evaluación de la conformidad en México ha crecido tanto en número (de casi 989 en 1999 a alrededor de 6.043 en 2019) como en el rango de sectores cubiertos, incluyendo recientemente por ejemplo el área forense, laboratorios clínicos y la verificación de emisiones de gases de efecto invernadero, productores de materiales de referencia y proveedores de ensayos de aptitud.

La Procuraduría Federal del Consumidor (PROFECO) es una entidad pública descentralizada que cuenta con un mandato amplio para realizar inspecciones y vigilancia bajo la Ley Federal de Protección al Consumidor. La PROFECO vigila el cumplimiento de las regulaciones técnicas relacionadas con consumo y de las NOMs publicadas por la Secretaría de Economía, cuando no se ha encargado su vigilancia a otra dependencia (LFPC, artículo 3). Además, la PROFECO ocasionalmente desarrolla procedimientos de evaluación de la conformidad tales como la certificación de balanzas y la verificación de estaciones gasolineras.

Los Oficiales de aduanas en los puntos de ingreso son responsables de verificar el cumplimiento de los bienes importados con las NOMs (LCE, artículo 26). Con el fin de demostrar el cumplimiento con los estándares establecidos en una NOM, el importador debe exhibir un certificado de cumplimiento. Una consideración acabada del sistema de controles en la frontera excede el alcance de este estudio, pero las entrevistas realizadas permitieron identificar un número de problemas críticos que impactan en la implementación de las NOMs. Estos merecen una mayor investigación pues la efectividad de los controles en la frontera, y una buena coordinación entre los fiscalizadores de conformidad técnica en la frontera y al interior del país, resultan esenciales para que sistema de regulaciones técnicas funcione adecuadamente. El desempeño de México en términos de facilitación del comercio es sólido, como lo evidencia el Índice de Facilitación del Comercio de la OCDE (OECD, 2017[4]); garantizar que el sistema sea también efectivo en términos de seguridad técnica es un siguiente paso importante. Esto incluye un sistema de certificación confiable; la existencia de recursos técnicos en puntos de control en la frontera para evaluar la conformidad de los embarques que representan un riesgo significativo; y un sistema para evaluar el nivel de riesgo de los embarques desde la perspectiva de las regulaciones técnica (distinta al sistema que existe para la valuación aduanera).

Reformas recientes y en curso en México que afectan las regulaciones técnicas

En años recientes, los esfuerzos de México por fortalecer su marco de política regulatoria han ido más allá de las primeras etapas del "ciclo de vida" de la política regulatoria, y se han extendido a la promoción del cumplimiento y evaluación *ex post* de las regulaciones, incluyendo las NOMs. Esto se ve ilustrado en un número de iniciativas de reforma, finalizadas y en curso, centradas en o que tienen un impacto sobre el Sistema de Metrología, Normalización y Regulación Técnica de México. Este es el caso de la reforma de 2018 a la Ley de Mejora Regulatoria que se enfocó en reforzar buenas prácticas regulatorias como la RIA, incluyendo para las NOMs. De igual forma en 2018, el organismo de vigilancia para la protección al consumidor (PROFECO) recibió nuevas facultades para imponer sanciones y multas por las violaciones de la Ley Federal de Protección al Consumidor. En enero de 2020, el Congreso aprobó la nueva Ley de Fomento a la Confianza Ciudadana que crea un régimen simplificado de inspecciones para ciertos individuos y entidades.

Además de estas reformas, el Congreso está analizando en la actualidad una reforma a la LFMN. Asimismo, la administración actual anunció recientemente un proyecto para introducir una nueva Ley de Infraestructura de la Calidad. La siguiente sección discute de manera breve estas iniciativas de reforma ya finalizadas y en curso.

Tabla 1.4. Resumen de las iniciativas de reforma recientes y en curso con un impacto sobre las regulaciones técnicas

Reforma	Estado	Impacto en las regulaciones técnicas (NOMs)
Reforma a la Ley de Mejora Regulatoria	Aprobada el 2018	• Crea el Registro Nacional de Inspecciones • Establece la regla de compensación regulatoria aplicable a las NOMs
Reforma a la Ley de Protección al Consumidor	Aprobada el 2018	• Fortalece las facultades de la PROFECO para imponer sanciones, incluyendo el incumplimiento con las NOMs
Ley de Fomento a la Confianza Ciudadana	Aprobada el 2020	• Crea un régimen de inspecciones regulatorias voluntario para entidades o individuos especiales • Consideración de la trayectoria de los negocios
Ley de Infraestructura de la Calidad	En preparación por el Ejecutivo y discusión en curso	• Reforma por completo del Sistema de Metrología, Normalización y Regulación Técnica de México

Fuente: Elaboración propia del autor.

Implementación de la Ley de Mejora Regulatoria

La Ley de Mejora Regulatoria establece el alcance y la base del desarrollo de la política regulatoria en México. La reforma de 2018 creó el Sistema Nacional de Mejora regulatoria, renovó el papel de la CONAMER y definió nuevas obligaciones para las entidades regionales e instituciones autónomas. La reforma implementa un número de medidas que impactan un rango de instrumentos, incluyendo las regulaciones técnicas, notablemente la compensación regulatoria y la creación de un Registro Nacional de Visitas Domiciliarias (Recuadro 1.2). Además, prohibió la publicación en el Diario Oficial de las propuestas regulatorias no incluidas en la Agenda Regulatoria, la cual se actualiza cada seis meses.

Recuadro 1.2. Registro Nacional de Visitas Domiciliarias

La reforma del 2018 la Ley de Mejora Regulatoria crea un Registro Nacional de Visitas Domiciliarias, un repositorio con el objetivo de incrementar la información disponible al público sobre los detalles de los procesos de inspección.

El registro incluye una lista de actividades de inspección que las instituciones públicas pueden realizar así como los servidores públicos autorizados para llevarlas a cabo, asimismo otra información relevante identificada por el Consejo Nacional de Mejora Regulatoria.

La CONAMER es responsable de gestionar el Registro con la información que proporcione la dependencia relevante o la agencia a cargo de las actividades de inspección y verificación, incluyendo las actividades estadísticas.

A pesar de que todavía debe definirse en la Estrategia Nacional de Mejora Regulatoria el conjunto de datos que contendrá el Registro, parte de los requisitos mínimos de información establecidos en la ley incluyen los números de contacto para la oficina de cumplimiento interno en cada institución responsable de las inspecciones y para los servidores civiles que autorizan la actividad.

Sigue estando pendiente la implementación del Registro.

Fuente: Ley de Mejora Regulatoria.

Nueva Ley de Fomento a la Confianza Ciudadana

En enero de 2020, el Congreso aprobó la Ley de Fomento a la Confianza Ciudadana con el objetivo de crear un régimen de inspección simplificado para ciertos individuos y entidades. La justificación detrás de la ley es que aquellas sociedades con mayores niveles de confianza entre el gobierno y el sector privado alcanzan un crecimiento económico más fuerte y sufren menos problemas de corrupción.

La iniciativa crea un registro especial (*Padrón Único de Confianza*) gestionado por la CONAMER donde los individuos y las entidades pueden inscribirse de manera voluntaria para beneficiarse de una menor carga de inspecciones y otras ventajas de la simplificación administrativa. Los individuos y las entidades incluidas en el registro estarán sujetas al sistema de inspección especial gestionado por la CONAMER.

El régimen de inspección simplificado no será aplicable a las inspecciones y las verificaciones realizadas en materias relativas a seguridad alimenticia, salud humana y animal, impuestos, aduanas, trabajo, seguridad social, comercio exterior, sector financiero, armas y explosivos, regulaciones de lavado de dinero y ciertas actividades relacionadas a productos petroleros.

La CONAMER determinará el objeto y la frecuencia de las visitas de inspección en base a un análisis estratégico. La ley propuesta introduce las bases para un sistema basado en riesgos, en particular para variar la frecuencia de las inspecciones de acuerdo al riesgo y analizando dicho riesgo combinando el riesgo intrínseco y la trayectoria del negocio. La CONAMER también está trabajando para desarrollar un sistema de información para respaldar dicho enfoque. Aunque estos son avances muy positivos, requerirán, no obstante, un programa de implementación robusto, bien estructurado y exhaustivo, posiblemente enfocado en funciones regulatorias específicas y con una implementación piloto en ciertos estados o ciudades seleccionadas. La experiencia indica que la implementación de dichos cambios requiere una buena planeación, recursos y tiempo.

Reforma de la LFMN

El Congreso está discutiendo una propuesta para reformar la LFMN presentada por primera vez en 2017 para abordar la debilidad de la LFMN de México. Los principales elementos de la propuesta de reforma son los siguientes:

- Simplificación de los procesos para el diseño y la revisión de las NOM;
- Establecimiento de un proceso, elaboración, consulta y publicación de los Acuerdos de Reconocimiento Mutuo;
- Provisión de documentos guías para fortalecer la vigilancia y la operación de los organismos de evaluación de la conformidad, así como las sanciones que se les aplicarán; y
- Fortalecimiento del sistema de sanciones incrementando las multas por violaciones de la LFMN.

La reforma también intenta ajustar el Sistema Integral de Normas y Evaluación de la Conformidad. El sistema, que gestiona la Secretaría de Economía, funcionaría como un repositorio que recopila toda la información relacionada a la normalización y a la evaluación de la conformidad. Incluiría la lista de productos, servicios y sistemas que se han evaluado, las entidades de acreditación en el país, el inventario de NOMs y de todos los documentos relevantes. En el momento de preparación de este informe, la propuesta de reforma seguía en espera de su discusión en el Congreso.

Notas

[1] LFTR, artículos 7, 15, 289 y 291.

[2] Consulta pública sobre el "Anteproyecto de Disposición Técnica_IFT-011-2017, Parte 2. Equipos terminales móviles que operan en las bandas de 700 MHz, 800 MHz, 850 MHz, 1900 MHz, 1700 MHz/2100 MHz y/o 2500 MHz". http://www.ift.org.mx/industria/consultas-publicas/consulta-publica-sobre-el-anteproyecto-de-disposicion-tecnica-ift-011-2017-parte-2-equipos.

[3] LFMN, Artículo 17.

Referencias

Cámara de Diputados del Congreso General de los Estados Unidos Mexicanos (2017), *Iniciativa que Reforma y Adiciona Diversas Disposiciones de las Leyes Federal sobre Metrología y Normalización y se Reforma el Artículo 26 de la Ley de Comercio Exterior*, Cámara de Diputados, Ciudad de Mexico, http://sil.gobernacion.gob.mx/Archivos/Documentos/2018/01/asun_3659441_20180124_1516809611.pdf. [3]

Garcia, D. (2017), *Mexico oil sector accidents raise doubts about deep water exploration*, https://www.offshoreenergytoday.com/mexico-oil-sector-accidents-raise-doubts-about-deep-water-exploration/. [2]

OECD (2018), *Standard setting and competition in Mexico 2018*, OECD, [1]
http://www.oecd.org/daf/competition/WEB-Standard-setting-Mexico-2018.pdf.

OECD (2017), *OECD Trade Facilitation Index*, http://www.oecd.org/trade/topics/trade- [4]
facilitation/.

2 Evaluación de la conformidad en México

Este capítulo entrega una descripción general de los marcos de evaluación de la conformidad y acreditación aplicables en el país, y de los actores involucrados en estas actividades. También presenta ilustraciones específicas de las técnicas de evaluación de la conformidad utilizadas por las dependencias en los mercados de la salud y agrícola.

Con el fin de cosechar todos los beneficios de las regulaciones técnicas y los estándares voluntarios, y asegurar que se cumplan las especificaciones establecidas en ellos, el país necesita un adecuado marco de infraestructura nacional de calidad (INC). La infraestructura de calidad es "el sistema que comprende las organizaciones (públicas y privadas) junto con las políticas, el marco legal y regulatorio relevante, y las prácticas necesarias para respaldar e incrementar la calidad, seguridad y solidez ambiental de los bienes, servicios y procesos, apoyándose en la metrología, normalización, acreditación, evaluación de la conformidad y vigilancia del mercado"[1]. Una INC robusta depende de la metrología, la normalización, la acreditación, la evaluación de la conformidad y la vigilancia del mercado.

La evaluación de la conformidad y la acreditación son elementos fundamentales de la infraestructura de calidad de un país. La evaluación de la conformidad conecta los requisitos establecidos en las regulaciones técnicas con los productos y servicios disponibles al público. El ISO/IEC 17000:2004 define la evaluación de la conformidad como la demostración de que se satisfacen requisitos específicos aplicables a un producto, proceso, sistema, persona u organismo antes de su ingreso al mercado. La acreditación proporciona una capa adicional de aseguramiento al verificar y atestar que los organismos de evaluación de la conformidad (OEC) cuentan con las competencias e imparcialidad para realizar sus funciones.

Un sistema de INC bien diseñado es clave para la operación efectiva de los mercados nacionales e internacionales. Un marco fuerte de evaluación de la conformidad y de acreditación permite a los países cosechar los beneficios de las regulaciones técnicas y los estándares voluntarios, y tener una variedad externalidades positivas. Estas permiten a los gobiernos implementar políticas efectivas para promover la salud y la seguridad, y para la protección ambiental y de los consumidores, entre otros. La INC también juega un papel clave para apoyar el comercio mundial. Al fortalecer la calidad y la efectividad de las regulaciones técnicas y los procedimientos de evaluación de conformidad, los países pueden fortalecer la credibilidad de su infraestructura de calidad para los socios extranjeros.

Este capítulo entrega una descripción general de las técnicas de evaluación de la conformidad utilizadas en México y los actores involucrados en la evaluación de la conformidad y acreditación. Posteriormente analiza la implementación de procedimientos de evaluación de la conformidad (PEC) en sectores específicos.

Evaluación de la conformidad en México

El marco legal para la evaluación de la conformidad en México figura en la Ley Federal sobre Metrología y Normalización (LFMN) y su reglamento. Estos instrumentos contemplan el proceso para el desarrollo e implementación de los PEC y las reglas para la organización de los organismos de evaluación de la conformidad. De la variedad de enfoques para la evaluación de la conformidad (Recuadro 2.4), México favorece un rango de técnicas de terceros que reconocen cuatro tipos principales de actividades: certificación, verificación, calibración y testeo. Estas técnicas se complementan con otras formas de evaluación contempladas en algunas regulaciones sectoriales o NOMs. Este es el caso de la NOM-005-SCFI-2017 sobre Instrumentos de medición - Sistema para medición y despacho de gasolina y otros combustibles líquidos, que reconoce los métodos de prueba sobre prototipos de medidores de gasolina como una forma de evaluación de la conformidad[2].

Además, ciertas regulaciones sectoriales establecen PEC especiales que departen del marco de acreditación y aprobación establecido bajo la LFMN. Este es, por ejemplo, el caso de la Ley General de Salud que contempla un régimen de evaluación de la conformidad separado para las NOMs relacionadas a la salud.

En México, los PEC de primeras partes permanecen más bien subutilizados. Aunque este enfoque de evaluación de la conformidad depende de que el fabricante o proveedor asuman la responsabilidad de demostrar el cumplimiento con los requisitos establecidos en una NOM en lugar de un tercero, esto no necesariamente significa la ausencia de evaluación de la conformidad dado que necesitan acompañarse por las examinaciones y documentación técnica relevante. Más recientemente, los PEC para algunas NOMs han introducido el uso de formas de autocertificación. Por ejemplo, el proceso de evaluación de la conformidad para la NOM-199-SCFI-2017 sobre Bebidas alcohólicas[3] combina dos tipos de enfoques: una Declaración de Conformidad del Proveedor (DCP) para atestar la conformidad de las bebidas alcohólicas fermentadas y la certificación de terceros para la evaluación de otros tipos de bebidas alcohólicas consideradas de mayor riesgo.

Una vez que se ha evaluado la conformidad de un producto de acuerdo con una NOM, la LFMN permite adjuntar una indicación al mismo como certificado o marca de conformidad. Sin embargo, el uso de este tipo de declaraciones en México sigue siendo limitado y los reguladores proporcionan pocas guías sobre la manera de indicar la conformidad con las NOMs. El uso de estas marcas puede ayudar a los consumidores a identificar los productos que cumplen las regulaciones técnicas. Son comunes en países con una fuerte cultura de evaluación de la conformidad. Este es, por ejemplo, el caso de la marca "CE" de la Unión Europea que demuestra que un producto vendido en el Área Económica Europea se ha evaluado para cumplir los requisitos correspondientes de seguridad, salud y protección al medio ambiente (Recuadro 2.1). En Chile, el regulador de electricidad y combustibles ha instaurado un sistema de etiquetado especial para un amplio rango de productos eléctricos y combustibles que requieren certificación (Recuadro 2.2).

Recuadro 2.1. Marca CE en la UE

En la UE, los productos para los cuales existen especificaciones de la UE requieren una marca CE (*Conformité Européenne* o Conformidad Europea) antes de que puedan venderse en el Espacio Económico Europeo (EEE). La marca CE demuestra que un producto se ha evaluado de manera positiva para cumplir los requisitos de seguridad, salud y de protección al medio ambiente. La marca es válida para los productos fabricados tanto dentro como fuera del EEE, que después se comercializan dentro de esta área.

En casos en los que existe un riesgo mínimo para el público, los importadores, distribuidores y fabricantes pueden con frecuencia certificar por sí mismos su cumplimiento con las directivas de la UE. Sin embargo, el proceso requiere un dossier técnico para respaldar las declaraciones del cumplimiento con la directiva necesaria que demuestre que el producto satisface todos los requisitos de la UE.

Fuente: EU (2019), Requisitos del mercado de productos de la UE – Marca CE, https://europa.eu/youreurope/business/product-requirements/labels-markings/ce-marking/index_en.htm (acceso en octubre de 2019).

Recuadro 2.2. Etiquetado de certificación de la Superintendencia de Electricidad y Combustibles de Chile

El regulador de electricidad y combustibles de Chile, la Superintendencia de Electricidad y Combustibles (SEC) establece los requisitos obligatorios para garantizar la seguridad y eficiencia energética a través de pruebas y certificación de un amplio rango de productos eléctricos, incluyendo por ejemplo aparatos domésticos, luces, herramientas eléctricas, motores, y dispositivos de TI.

Desde el 2013, la SEC establece que los productos para los cuales existe un requisito de certificación deben obtener un certificado de aprobación y exhibir una etiqueta especial emitida por la SEC (*Sello SEC*) que incluye un Código QR, número de aprobación y, cuando corresponde, la información de eficiencia energética.

El sistema de etiquetado de la SEC tiene por objetivo promover la compra de productos que cumplan con ciertos estándares de seguridad y calidad, fortalecer el mercado de productos certificados y facilitar la compra de los consumidores. Para cierto tipo de productos, el etiquetado es obligatorio y su infracción es sancionada.

Fuente: SEC, Resolución Exenta N° 2142/2012.

Organismos de evaluación de la conformidad (OEC)

Los OEC son personas o entidades independientes e imparciales responsables de realizar actividades de evaluación de la conformidad. La organización de los OEC varía entre países; pueden ser agencias públicas, organismos industriales u organizaciones o empresas privadas. En muchos países, una diversidad de actores interviene en la evaluación de la conformidad. Aunque en ocasiones estos organismos están organizados como entidades no lucrativas, por lo general cobran un honorario por sus servicios, con lo que crean mercados competitivos en muchos países. Los servicios de los OEC pueden localizarse en un país específico o cubrir un sector o región. Un sinnúmero de estándares internacionales guía la operación de los organismos de evaluación de la conformidad involucrados en la certificación, testeo e inspección.

En México, los PEC pueden ser llevados a cabo por la dependencia responsable de una NOM o por OEC que actúan como terceros proveedores de las técnicas de evaluación. Los OEC son entidades acreditadas por la EMA y aprobadas por la dependencia relevante. Estas entidades están sujetas a ciertos requisitos estructurales para asegurar su imparcialidad e independencia y la confidencialidad de sus operaciones. La LFMN también permite que la PROFECO y el CENAM realicen actividades de evaluación de la conformidad específicas cuando lo requieren ciertas NOMs.

La DGN vigila las actividades de los OEC, como coordinadora de regulaciones técnicas y del sistema de normalización, y la EMA es responsable de vigilar la observancia de las condiciones bajo las cuales los OEC fueron acreditados. La EMA tiene la facultad de sancionar a los OEC con la suspensión, total o parcial, o la cancelación de su acreditación. Por último, el CENAM vigila las operaciones específicas de los OEC relacionadas a la calibración.

El panorama de los OEC en México ha crecido tanto en número como en el rango de sectores cubiertos. Sin embargo, en ciertos sectores regulados, se ve entorpecido el acceso a algunas actividades de evaluación de la conformidad prescritas bajo las NOMs debido a la inexistencia o insuficiencia de OEC, o a la falta de capacidades técnicas para realizar ciertos procedimientos. Hasta febrero de 2019, solo 34% de 786 las NOMs vigentes que requerían evaluación de la conformidad por un organismo acreditado, tenían un OEC competente acreditado para evaluar su implementación.

Además de sus funciones de evaluación de la conformidad, en ocasiones se invita a los OEC a participar en ciertas sesiones de CCNN que discuten proyectos de NOM o NMX.

Procedimientos de evaluación de la conformidad en la LFMN

La LFMN define los procedimientos de evaluación de conformidad como la "Determinación del grado de cumplimiento con las normas oficiales mexicanas o de conformidad con las normas mexicanas, las normas internacionales u otras especificaciones, prescripciones o características. Comprende, entre otros, los procedimientos de muestreo, prueba, calibración, certificación y verificación."

En México, la relación entre las NOMs y los procedimientos de evaluación de la conformidad no es lineal. La LFMN reconoce que no todas las NOMs requieren evaluación de conformidad. Cuando lo hacen, los procedimientos específicos requeridos por la NOM pueden diseñarse como parte de ella o en una etapa posterior después de que se ha publicado la NOM. En este caso, los PEC están sujetos a un proceso separado que incluye un periodo de consulta de 60 días y su publicación en el Diario Oficial. Además, los PEC pueden cubrir una NOM específica o proporcionar los requisitos de evaluación aplicables a un conjunto de regulaciones técnicas.

Como resultado, un número de NOMs actualmente vigentes carecen de las técnicas de evaluación relevantes para evaluar que se satisfacen los requisitos prescritos. Sin esto, dichas NOMs *de facto* no se pueden hacer cumplir. En la práctica, la ausencia de PEC para una NOM específica ha causado en ocasiones el aplazamiento de sus efectos. Aunque la DGN ha tomado acciones para asegurarse de que las NOMs se desarrollen en forma simultánea que su PEC correspondiente, en el futuro México podría tomar pasos para reducir el inventario existente de regulaciones técnicas para las cuales se necesita un PEC, mas no se ha desarrollado.

Al diseñar una regulación técnica, los reguladores pueden seleccionar a partir de una variedad de enfoques para la evaluación de la conformidad, desde autodeclaraciones emitidas por el proveedor (Recuadro 2.4) hasta evaluaciones de terceros como auditorías, calibración, evaluación y prueba, entre otros. México favorece a una serie de procedimientos de evaluación de la conformidad de terceros. La LFMN regula las principales técnicas, que incluyen la calibración, las pruebas de laboratorio, la certificación y las actividades de verificación.

Aunque la LFMN estipula el proceso para desarrollar los PEC, no proporciona una justificación ni especifica los requisitos mínimos que necesita observar un PEC fuera de destacar que deben diseñarse de acuerdo con la naturaleza del riesgo abordado en la NOM. En la actualidad, en México no existe una metodología común para desarrollar PEC o seleccionar los procedimientos. Como resultado, el desarrollo y el uso de PEC varía enormemente entre los sectores.

Ejemplos internacionales de guías para diseñar y emitir PEC pueden servir como inspiración para avanzar hacia un uso más coherente y consistente de esta herramienta. Por ejemplo, el marco de la UE establece un sistema para seleccionar PEC basándose en módulos a partir de los cuales los legisladores pueden hacer su selección (Recuadro 2.3) y el Instituto Nacional de Estándares y Tecnología (NIST) de Estados Unidos proporciona a las Agencias Federales consideraciones sobre las opciones de evaluación de la conformidad. El conjunto de herramientas ISO/CASCO incluye una guía sobre los pasos que pueden seguirse para utilizar la evaluación de la conformidad en las regulaciones, incluyendo consideraciones sobre riesgo y disponibilidad de recursos, entre otras. Por último, las Notas Informativas sobre Buenas Prácticas Regulatorias de la APEC, guían a los reguladores en la selección de enfoques de evaluación de la conformidad basándose en consideraciones de riesgo balanceando al mismo tiempo la carga regulatoria que pueden representar dichos procedimientos (APEC, 2000[1]).

La LFMN define certificación como el "procedimiento por el cual se asegura que un producto, proceso, sistema o servicio se ajusta a las normas o lineamientos o recomendaciones de organismos dedicados a la normalización nacionales o internacionales". En México, las actividades de certificación incluyen lo siguiente: una evaluación del objeto de conformidad a través de inspección, muestreo, pruebas, investigación de campo o la evaluación de los programas de calidad; y una revisión de seguimiento del cumplimiento. La dependencia competente, la NOM o los estándares internacionales pueden establecer requisitos adicionales para la certificación. Los organismos de certificación deben tener una cobertura nacional y necesitan estar acreditados por la EMA y aprobados por la dependencia relevante. Hasta abril de 2019, había 120 organismos de certificación acreditados en México.

La LFMN reconoce la evaluación de conformidad a través pruebas y calibración realizados por laboratorios acreditados por la EMA y autorizados por las dependencias. Hasta abril de 2019, 1.609 laboratorios habían sido acreditados en México. Además de los laboratorios, el CENAM y la PROFECO también están autorizados por ley para realizar actividades de calibración específicas.

Las actividades de verificación se definen en la LFMN como la *"Constatación ocular o comprobación mediante muestreo, medición, pruebas de laboratorio o examen de documentos que se realizan para evaluar la conformidad en un momento determinado"*. Las unidades de verificación deben ser acreditadas por la EMA y contar con la aprobación de la dependencia relevante, para desempeñar estas actividades. Sin embargo, ciertas NOMs permiten a las dependencias autorizar directamente las unidades de verificación, sin necesidad de acreditación. La declaración de conformidad emitida por una unidad de verificación es un dictamen. A abril de 2019, existían 631 unidades de verificación acreditadas en México.

Recuadro 2.3. Ejemplos internacionales de guías sobre enfoques de evaluación de la conformidad

La estructura modular de evaluación de la conformidad en el nuevo marco legislativo de la UE

El "Nuevo marco legislativo" (NLF) de la UE adoptado en 2008, consiste en un conjunto de documentos legales que completan el marco legislativo de la UE relacionado con productos, entre ellos la evaluación de la conformidad, la acreditación y la vigilancia del mercado, y el control de productos provenientes del exterior de la UE.

La evaluación de la conformidad es un elemento clave del NLF. Se define como *"el proceso realizado por el fabricante de demostrar si se han cumplido los requisitos especificados relativos a un producto."* Bajo este marco, un producto puede estar sujeto a evaluación de la conformidad tanto durante la fase de diseño como de producción.

El marco establece procedimientos de evaluación de la conformidad y reglas para su selección a través de módulos / procedimientos estipulados en la Decisión No. 768/2008/EC. Los procesos de evaluación de la conformidad se componen de uno o dos módulos; algunos módulos cubren tanto la fase de diseño como la de producción. En otros casos, se utilizan distintos módulos para cada fase.

El enfoque de la UE proporciona una lógica para seleccionar, dentro del menú de módulos / procedimientos de evaluación de la conformidad, aquellos que son más apropiados para el sector de que se trata, evitando opciones demasiado onerosas. Los módulos están diseñados para favorecer su selección desde el más ligero para productos simples o productos que presentan solo riesgos limitados, al más exhaustivo para productos más complejos o riesgosos. El Anexo B proporciona una descripción general de los módulos.

Consideraciones para las Agencias Federales de EE.UU. para apoyar el uso de evaluación de la conformidad

En los Estados Unidos, un documento guía de la Oficina de Administración y Presupuesto (OMB) estipula los elementos que las Agencias Federales deben considerar al evaluar la efectividad de los enfoques de evaluación de la conformidad y al seleccionar las opciones de evaluación de la

---

conformidad. Estos elementos se enlistan en la Circular A-119 (Participación Federal en el Desarrollo y Uso de Estándares de Consenso Voluntario y Actividades de Evaluación de la Conformidad).

El Instituto Nacional de Estándares y Tecnología (NIST) proporciona a las Agencias Federales una guía no vinculante para el uso de la evaluación de la conformidad en una forma eficiente y efectiva en costos, tanto para la agencia como para los actores interesados. Esta publicación incluye elementos para abordar y gestionar esquemas de evaluación de la conformidad equilibrando el riesgo de no conformidad y los recursos necesarios para demostrar la conformidad. Existen cuatro elementos principales para un programa gubernamental de evaluación de la conformidad: 1) objetivos y metas; 2) esquema de evaluación de la conformidad y vigilancia; 3) requisitos del objeto de la conformidad; y 4) gestión del programa. Esta guía proporciona un marco para definir un esquema de evaluación de la conformidad a partir de los elementos establecidos en la Circular A-119 de la OMB. Estos elementos incluyen:

- Definir la meta del programa de evaluación de la conformidad;
- Definir requisitos y especificaciones técnicas claras y sin ambigüedades, u otros requisitos y estándares para el objeto de la conformidad;
- Definir un método claro y sin ambigüedades para determinar la conformidad;
- Comprender el punto de confianza y la información derivada de su análisis;
- Seleccionar actividades de evaluación de la conformidad, basándose en los requisitos y el punto de confianza. Estas actividades incluyen pruebas, inspecciones, auditorías, certificaciones y vigilancia.
- Determinar el papel de la agencia como el administrador del programa y la autoridad de vigilancia del programa y la autoridad aprobatoria, en caso de ser necesario;
- Determinar si las actividades de evaluación de la conformidad las realizan organizaciones de primera, segunda o tercera parte;
- Determinar si los programas o actividades de evaluación de la conformidad existentes, tanto en el sector privado como en el sector público, pueden aprovecharse para lograr las metas de evaluación de la conformidad, y si cumplen los requisitos y satisfacen el punto de confianza;
- Determinar el mecanismo para indicar la conformidad o aprobación; y
- Desarrollar el esquema de evaluación de la conformidad y determinar que, cuando se implemente, ayude a manejar el riesgo de no conformidad, cumpla los objetivos de la agencia y contribuya a la confianza de los compradores y los usuarios respecto a que se han satisfecho los requisitos.

Fuente: Comisión Europea (2016), La "Guía Azul" sobre la implementación de las reglas de productos de la UE 2016 (2016/C 272/01), https://eur-lex.europa.eu/legal-content/en/txt/pdf/?uri=celex:52016xc0726(02)&from=bg. Estados Unidos (2016), *Circular A-119 de la OMB Participación Federal en el Desarrollo y Uso de Normas de Consenso Voluntario y de Conformidad con Actividades de Evaluación*, Washington, D.C., Oficina Ejecutiva del Presidente, Oficina de Administración y Presupuesto, https://www.whitehouse.gov/sites/whitehouse.gov/files/omb/circulars/A119/revised_circular_a-119_as_of_1_22.pdf, y Carnahan, L. y A. Phelps (2018), *Conformity Assessment Considerations for Federal Agencies* (Consideraciones para la evaluación de la conformidad para las Agencias federales), Instituto Nacional de Estándares y Tecnología (NIST), Washington, http://dx.doi.org/doi.org/10.6028/NIST.SP.2000-02

Recuadro 2.4. La variedad de enfoques para la evaluación de conformidad

Existen tres enfoques principales para la evaluación de conformidad que dependen de quién realice la evaluación:

- Evaluación por una primera parte: cuando los propios fabricantes o proveedores realizan actividades de evaluaciones utilizando personal y equipo de su propiedad. Con frecuencia este es el caso de las autodeclaraciones como las Declaraciones de Conformidad del Proveedor o del Fabricante.

- Evaluación por una segunda parte: cuando el comprador que utilizará el producto o servicio realiza la evaluación; y

- Evaluación por una tercera parte: cuando la evaluación de conformidad la lleva a cabo una persona o entidad que es independiente del fabricante o proveedor del objeto de la evaluación de conformidad y de sus usuarios finales. Este es el caso de los PEC realizados por organismos certificadores u organismos de inspección. La certificación es el resultado de la evaluación de una tercera parte.

Las regulaciones técnicas pueden recaer en productos, procesos, servicios, sistemas de gestión, personas u organizaciones, éstas se consideran el "objeto de la evaluación de conformidad". La selección de los enfoques para la evaluación de conformidad debe basarse en el nivel de riesgos involucrados en el objeto de la evaluación de conformidad (Figura 2.1). Cuando el objeto de evaluación de la conformidad tiene un riesgo bajo de efectos negativos, el enfoque más apropiado puede ser autodeclaraciones del proveedor o fabricante. Por el contrario, cuando existe un riesgo alto de efectos dañinos tras la falla del producto o servicio sujeto a evaluación de conformidad, el enfoque favorecido puede incluir la acción de un tercero independiente para evaluar que se cumplen las especificaciones establecidas en un estándar técnico. En estos casos, la acreditación puede proporcionar una garantía adicional sobre la calidad de los productos o servicios.

Figura 2.1. Enfoques de evaluación de la conformidad y niveles de riesgo

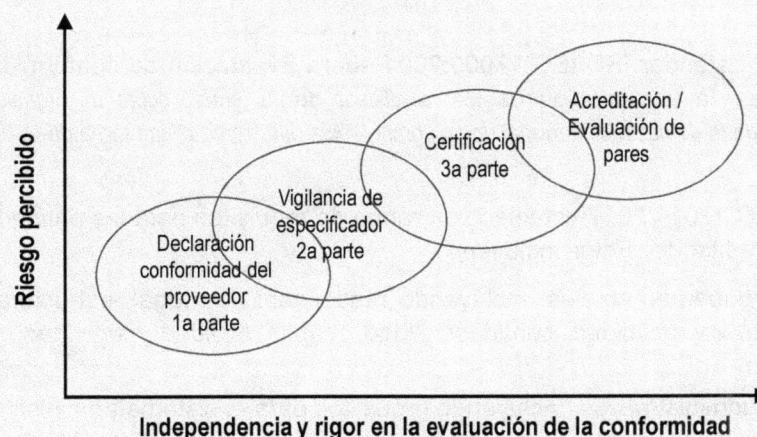

Fuente: Guasch, J. et al. (2007), Quality Systems and Standards for a Competitive Edge, The International Bank for Reconstruction and Development/The World Bank, http://dx.doi.org/10.1596/978-0-8213-6894-7; y Using ISO/CASCO standards in regulation, ISO, https://www.iso.org/sites/cascoregulators/documents/casco-regulators-fulltext.pdf.

El sistema mexicano de acreditación

La acreditación es el principal requisito utilizado para verificar la imparcialidad de los OEC y sus capacidades para realizar sus funciones. Permite comprobar que un OEC posee las competencias para evaluar la conformidad de un producto o servicio específico de acuerdo con una regulación técnica obligatoria o un estándar voluntario. El valor clave de la acreditación recae en el hecho de que proporciona una declaración de un tercero con autoridad sobre las competencias técnicas de los OEC. La Organización Internacional de Normalización (ISO) junto con la Comisión Electrotécnica Internacional (IEC) han desarrollado estándares sobre los organismos de acreditación y sus actividades (Recuadro 2.5).

La acreditación es un pilar clave del Sistema de Regulaciones Técnicas, Normalización y Metrología que se establece en la LFMN. El Artículo 3 define la acreditación como el "Acto por el cual una entidad de acreditación reconoce la competencia técnica y confiabilidad de los organismos de certificación, de los laboratorios de prueba, de los laboratorios de calibración y de las unidades de verificación para la evaluación de la conformidad." La LFMN y su reglamento estipulan un número de requisitos para la gobernanza y las operaciones de las entidades de acreditación. Aunque la ley formalmente permite a cualquier entidad privada autorizada por la Secretaría de Economía otorgar una declaración sobre las competencias de los organismos de evaluación de la conformidad, a la fecha la Entidad Mexicana de Acreditación (EMA) es el único organismo de acreditación autorizado para operar en el país. Como tal, México es parte de una mayoría de países donde un solo organismo nacional realiza las actividades de acreditación (Recuadro 2.6).

Recuadro 2.5. Los requisitos de la ISO y la IEC para las entidades de acreditación y el proceso de acreditación

La ISO tiene un número de estándares relacionados a la evaluación de la conformidad y la acreditación que son desarrollados y publicados por su Comité de Evaluación de Conformidad (CASCO) (OECD/ISO, 2016[2]). En el desarrollo de estos estándares, la ISO trabaja de cerca con un número de organizaciones internacionales incluyendo la Comisión Electrotécnica Internacional (IEC), el Foro Internacional de Acreditación (IAF) y la Cooperación Internacional de Acreditación de Laboratorios (ILAC).

De acuerdo con el Estándar ISO/IEC 17000:2004 sobre Evaluación de conformidad – vocabulario y principios generales, la acreditación es un *"certificado de un tercero sobre un organismo de evaluación de conformidad que entrega la demostración formal de su competencia para realizar una tarea de evaluación de conformidad específica".*

El Estándar ISO/IEC 17011:2017 establece un rango de requisitos para las entidades de acreditación y el proceso de acreditación. Estos incluyen:

- Requisitos gubernamentales. Incluyendo responsabilidad legal, estructura de la entidad de acreditación, imparcialidad, confidencialidad, responsabilidad y actividad de financiamiento y acreditación.
- Requisitos administrativos. Incluyendo requisitos para el sistema administrativo del organismo de acreditación, el control de documentos, registros, no conformidades y acciones correctivas, acciones preventivas, auditorías internas, revisiones administrativas y quejas.
- Requisitos de recursos humanos. Abordando el personal asociado con el organismo de acreditación, el personal que participa en el proceso de acreditación, monitoreo y registros del personal.

- Requisitos del proceso de acreditación. Abordando los criterios de acreditación e información, solicitud de acreditación, revisión de recursos, subcontratación de la evaluación, preparación de la evaluación, revisión de documentos y registros, evaluación en el sitio, análisis de los hallazgos e informe de evaluación toma de decisiones y otorgamiento de acreditación, recursos, reevaluación y vigilancia, extensión de acreditación, suspensión, retiro o reducción de acreditación, registros de los OEC y pruebas de competencia y otras comparaciones para los laboratorios.

- Los requisitos sobre las responsabilidades de una entidad de acreditación y un organismo de evaluación de conformidad. Referidos a las obligaciones de los OEC y organismos de acreditación, así como la referencia a la acreditación y uso de símbolos.

Las actividades contempladas en este estándar incluyen pruebas, calibración, inspección, la certificación de los sistemas de administración, personas, productos, procesos y servicios, la provisión de pruebas de competencia, la producción de materiales de referencia, validación y verificación.

Fuente: Uso de los estándares ISO/CASCO en la regulación, ISO, https://www.iso.org/sites/cascoregulators/documents/casco-regulators-fulltext.pdf.

Recuadro 2.6. La organización de la acreditación en los países

La configuración institucional y el estatus legal de las entidades de acreditación varía entre países, aunque una mayoría de ellos tienen un solo organismo de acreditación (Tabla 2.1 y Tabla 2.2). Este es el caso de los países miembro de la UE ya que, bajo la Regulación de la UE (EC) 765/2008, deben mantener una entidad de acreditación nacional única que proporciona los certificados sobre la competencia de los organismos para realizar actividades de evaluación de la conformidad (European Parliament and European Council, 2008[16]). En Latinoamérica, todos los signatarios de los MLA de ILAC/IAF cuentan con un solo organismo de acreditación organizado ya sea como entidad pública o privada (IAF, 2019[3]) (ILAC, 2019[4]).

En unos cuantos países, diversas entidades de acreditación coexisten y realizan acreditaciones en diferentes sectores. Este es el caso de Corea, donde tres entidades de acreditación independientes son responsables de evaluar las competencias de los laboratorios y de las instituciones de certificación: el Consejo de Acreditación de Corea (KAB), el Sistema de Acreditación Coreano (KAS) y el Instituto Nacional de Investigación Ambiental (NIER). En los Estados Unidos 5 organismos privados operan de manera simultánea en diversos sectores del mercado de acreditación.

Asimismo, algunos países han establecido sistemas de acreditación comunes que les permiten compartir instituciones de acreditación. Este es por ejemplo el caso del Sistema de Acreditación Conjunta de Australia y Nueva Zelanda (JAS-ANZ), un organismo de acreditación independiente establecido en 1991 por un acuerdo que crea un consejo regulador bilateral responsable de vigilar las actividades de acreditación. Siguiendo este ejemplo, en 2013 Baréin, Kuwait, Omán, Catar, Arabia Saudita, Emiratos Árabes Unidos y Yemen crearon un sistema similar denominado Centro de Acreditación del Golfo (GAC).

Tabla 2.1. Número de organismos de acreditación por economía de los miembros titulares de la ILAC (signatarios del MRA)

Número de organismos de acreditación de miembros titulares de la ILAC (signatario de MRA) por economía	Número de economías
1	78
2	4 (Australia, India, Rusia y Emiratos Árabes Unidos)
3	3 (Canadá, Japón y Tailandia)
5	1 (Estados Unidos)

Notas: la ILAC es la organización internacional para las entidades de acreditación de laboratorios e inspecciones. Las cifras se relacionan a los 101 miembros titulares actuales (signatarios de MRA de la ILAC). El MRA de la ILAC cubre en la actualidad cinco áreas de actividad para los organismos de acreditación, principalmente: pruebas, calibración, pruebas médicas, inspección y proveedores de pruebas de competencia.

Tabla 2.2. Número de organismos de acreditación nacionales en las economías de los miembros del IAF

Número de entidades de acreditación	Economías miembros del IAF
1	85
2	3 (India, Rusia y Emiratos Árabes Unidos)
3	2 (Japón y Corea)
5	1 (Estados Unidos)

Notas: El IAF es la organización internacional para las entidades de acreditación involucradas de acreditación de los sistemas de gestión, productos, servicios, personal y otros programas similares de evaluación de conformidad.
Fuente: IAF e ILAC.

La organización de acreditación en México

La configuración mexicana actual para la acreditación se estableció en 1992 con la LFMN. Permite que organizaciones privadas sin fines de lucro especialmente creadas para estos efectos operen como entidades de acreditación. Antes de una reforma de 1997, la DGN era responsable de la acreditación en México.

Los organismos de acreditación son autorizados por la Secretaría de Economía con la aprobación previa de una mayoría de secretarías relevantes. Para obtener esta autorización, los terceros interesados deben certificar su idoneidad legal, técnica, administrativa y financiera para actuar como entidades de acreditación. La solicitud de autorización a la Secretaría de Economía también necesita indicar las tarifas máximas que el organismo acreditador cobrará por sus operaciones. La Secretaría de Economía puede revocar o suspender la autorización de una entidad de acreditación si se violan los requisitos establecidos en la LFMN (LFMN, artículo 103 y 104). En estos casos, se permite que la Secretaría se haga cargo de las actividades de acreditación para un sector o mercado específico.

La LFMN y el RLFMN incluyen un conjunto de disposiciones que lidian con la estructura de gobernanza de los organismos acreditadores. Deben establecerse como entidades con un objeto único y asegurar una representación balanceada de diferentes actores interesados[4] en sus organismos reguladores, incluyendo representantes de la industria y académicos. A los individuos que participan en un organismo de acreditación se les prohíbe unirse a otras entidades similares. No existen reglas expresas que promuevan la operación independiente de los organismos acreditadores de las actividades de evaluación comercial, como por ejemplo separar la propiedad de los organismos de acreditación de los OEC u otros participantes en el sistema de normalización. Sin embargo, la Secretaría de Economía puede establecer obligaciones específicas sobre los precios y las condiciones de servicio de las entidades de acreditación o de los organismos de evaluación de la conformidad con poder sustancial en el mercado relevante (LFMN, artículo 70-C)[5].

Las entidades de acreditación mexicanas deben cumplir los requisitos estipulados en la LFMN y el RLFMN para salvaguardar la integridad, la imparcialidad y la confidencialidad de sus funciones. Estas incluyen, entre otras, permitir a los funcionarios públicos vigilar sus actividades, mantener un registro público actualizado de las entidades acreditadas y abordar las quejas presentadas por los actores interesados. También se requiere que las entidades de acreditación revisen periódicamente que los OEC continúen cumpliendo las condiciones bajo las cuales se les acreditó. Por último, se alienta a las entidades de acreditación a que participen en organismos de acreditación regionales o internacionales para acordar guías comunes y reconocimiento mutuo de las acreditaciones.

La Entidad Mexicana de Acreditación

La EMA es una organización privada sin fines de lucro establecida en 1999, autorizada por la Secretaría de Economía y aprobada por la CNN para otorgar reconocimiento formal a los OEC en México a través de la acreditación. A la fecha, la EMA permanece como la única entidad de acreditación para los organismos de evaluación de la conformidad en México, mismos que comprenden laboratorios de prueba, laboratorios de calibración, laboratorios médicos, organismos de inspección y organismos de certificación, proveedores de pruebas de competencia, organismos de verificación / validación de emisiones de gas de efecto invernadero y productores de materiales de referencia.

La Secretaría de Economía, a través de la DGN dirige la relación entre la administración mexicana y la EMA. Aunque la LFMN y otros instrumentos establecen las obligaciones de la EMA hacia la Secretaría de Economía, la evidencia anecdótica derivada de las entrevistas muestra oportunidades para mejorar la relación estratégica entre las dos entidades para fortalecer la infraestructura de calidad de México en torno a los organismos acreditados. El modelo de la interacción del Servicio de Acreditación del Reino Unido (UKAS) con el gobierno inglés basándose en un Memorándum de Entendimiento (MoU) puede proporcionar una referencia útil en este respecto (Recuadro 2.7).

La estructura de gobierno de la EMA incluye un número de organismos formados por representantes del sector público y privado. La Asamblea General de Asociados es el órgano supremo de la EMA y reúne a 165 asociados (incluyendo a algunos organismos de evaluación de la conformidad acreditados). El Consejo Directivo es responsable de la administración y está formado por 36 miembros que representan al gobierno federal con 9 votos; a los sectores comerciales con 9 votos; a los participantes del mercado de acreditación (incluyendo organismos de evaluación de la conformidad) con 9 votos y a representantes de la academia con 9 votos. Los representantes del sector industrial son asignados por las cámaras de la industria y comercio, mientras que los organismos de evaluación de la conformidad son designados por laboratorios, organismos de inspección, laboratorios de calibración y entidades de certificación.

La EMA basa sus requisitos de acreditación en estándares internacionales y cuenta con el reconocimiento del Foro Internacional de Acreditación (FIA) y la Cooperación Internacional de Acreditación de Laboratorios (ILAC), las principales organizaciones internacionales de organismos de acreditación. La EMA es también un miembro de los pilares regionales del sistema de acreditación internacional y sus servicios de acreditación han sido reconocidos por un número de organismos: la Cooperación Interamericana de Acreditación (IAAC) y la Cooperación de Acreditación de Asia y el Pacífico (APAC). Asimismo, participa en foros específicos, incluyendo aquellos relacionados a las Buenas Prácticas de Laboratorio y Aceptación Mutua de Datos de la OCDE, así como el foro conjunto ILAC/Agencia Mundial Antidopaje (AMA).

La EMA opera a nivel nacional y participa en diversas actividades relacionadas al Sistema de Regulación Técnica y Normalización Mexicano. Sin embargo, su responsabilidad central es acreditar los organismos de evaluación de la conformidad en base a las regulaciones técnicas y estándares voluntarios (Tabla 2.3). Las acreditaciones son voluntarias y dirigidas por comités de evaluación que están formados y operan de acuerdo con los Lineamientos publicados por la Secretaría de Economía[6]. Estos comités de evaluación están conformados por 6 expertos técnicos, un representante de los productores, un representante de los consumidores, un técnico de la EMA, un funcionario del sector público y hasta dos representantes académicos o de centros de investigación. El trabajo de estos comités de evaluación sigue los procedimientos establecidos por la EMA y los programas mensuales y anuales del trabajo de la entidad.

Una vez que un OEC presenta una solicitud de acreditación, el comité de evaluación configura un equipo especial para evaluar la acreditación de acuerdo con los procedimientos establecidos por el sector. A la fecha, la EMA posee 10 comités evaluadores que valoran 29 procedimientos de acreditación. En promedio, el proceso de acreditación toma 4 meses.

Tabla 2.3. Actividades realizadas por la EMA

Participación en el desarrollo de regulaciones técnicas y estándares	Ocasionalmente
Acreditación contra regulaciones técnicas (NOMs)	Sí
Acreditación contra estándares voluntarios (NMXs)	Sí
Funciones de metrología	No
Procedimientos de evaluación de la conformidad	No
Inspección regulatoria y/o vigilancia del mercado	Sí

Fuente: Elaboración propia del autor.

Además, a la EMA se le invita ocasionalmente a participar en ciertas sesiones de los CCNN que discuten el proyecto de una NOM o NMX. La EMA también es responsable de vigilar el cumplimiento de los OEC con los requisitos bajo los cuales se emitió la acreditación y mantiene una lista de OEC con acreditaciones suspendidas o canceladas.

Recuadro 2.7. El Memorándum de Entendimiento entre UKAS y BEIS

El Servicio de Acreditación del Reino Unido (UKAS) se estableció en 1995 y es el único organismo nacional responsable de la acreditación de los organismos de evaluación de la conformidad en el Reino Unido.

En marzo de 2019, la Secretaría de Estado para la Empresa, Energía y Estrategia Industrial (BEIS) y el UKAS celebraron un Memorándum de Entendimiento (MoU) que contempla la manera en la cual ambas entidades trabajan en conjunto para mantener y promocionar un servicio de acreditación nacional fuerte y clarifica los papeles y responsabilidades de cada institución.

El MoU es un documento operativo y voluntario que establece en detalle el alcance de las actividades, el régimen de gobernanza y la confiabilidad de UKAS, así como la forma de cooperación entre ambas entidades. Uno de los Apéndices establece las bases para que BEIS monitoree a UKAS a través de la entrega periódica de documentos bajo solicitud, la realización regular de asambleas, la participación del BEIS como miembro en ciertas actividades del UKAS y el intercambio de información sobre revisiones independientes.

Fuente: (BEIS/UKAS, 2019[5]).

PEC en México: experiencia de sectores específicos

En México, ciertas leyes que regulan sectores específicos establecen procedimientos de evaluación de la conformidad especiales que divergen del régimen establecido bajo la LFMN. Esta sección presenta técnicas de evaluación de la conformidad específicas que se llevan a cabo en el sector de salud y agrícola.

COFEPRIS

La Comisión Federal para la Protección Contra Riesgos Sanitarios (COFEPRIS) es la autoridad sanitaria mexicana. La COFEPRIS es un organismo descentralizado y autónomo que vigila el cumplimiento de cuatro regulaciones sobre dispositivos médicos, control sanitario de productos y servicios, salud ambiental y pesticidas. En total, COFEPRIS tiene 81 NOMs bajo su autoridad.

La LFMN reconoce que los procedimientos de verificación y prueba de productos, actividades y servicios regulados en la Ley General de Salud (LGS) se apartan del régimen general de promoción del cumplimiento y son en particular regulados por esta ley sectorial[7]. Este régimen difiere del marco establecido bajo la LFMN en un número de frentes. Por ejemplo, ciertas NOMs relacionadas a la salud no incluyen un PEC específico dado que su evaluación se realiza a través de la inspección sanitaria y actividades de evaluación establecidas en la LGS. Además, la organización de los OEC en este sector es dirigida por la COFEPRIS y no depende de la infraestructura de acreditación de México. Por último, la LGS también establece mecanismos de implementación y cumplimiento regulatorio previos y posteriores a la entrada al mercado de los productos, así como sanciones por la falta de cumplimiento. De hecho, las NOMs solo se utilizan en materia de salud para las etiquetas médicas (NOM137-SSA1-2008 – Etiquetado de Dispositivos Médicos) y la vigilancia posterior a la comercialización (NOM240-SSA1-201 – Instalación y Operación de Tecnovigilancia).

Como parte de sus actividades, la COFEPRIS supervisa las instalaciones sanitarias, controla las actividades publicitarias y monitorea la fabricación, importación y exportación de los productos sanitarios. Aunque no sigue el proceso de los PEC bajo la LFMN, la COFEPRIS requiere que la mayoría de los dispositivos médicos, farmacéuticos y otros productos sanitarios sean registrados antes de ingresar al mercado y luego de que han demostrado ser seguros a través de una combinación de pruebas, inspección y certificación.

Terceros Autorizados

En el sector salud de México, las actividades de evaluación de conformidad las realiza directamente la COFEPRIS o terceros especialmente autorizados (TA). Los terceros autorizados apoyan las actividades de control e inspección sanitaria a través de pruebas, verificación o realizando estudios de bioequivalencia y/o comparabilidad. La autorización puede recaer en cuatro tipos de organismos: laboratorios de pruebas, unidades de verificación, unidades de evaluación de biocomparabilidad e intercambiabilidad. A junio de 2019, había 212 terceros autorizados por la COFEPRIS (115 laboratorios de evaluación, 28 unidades de verificación y 69 unidades de evaluación de biocomparabilidad e intercambiabilidad) (COFEPRIS, 2019[6]). La declaración de conformidad emitida por una TA es un dictamen.

Los TA deben cumplir los requisitos estipulados en la LGS y el Reglamento para Insumos de la Salud para asegurar sus competencias técnicas y la integridad, imparcialidad y confidencialidad de sus actividades. Las autorizaciones son voluntarias y una vez que se presenta una solicitud, un comité de evaluación técnica evalúa la solicitud. Estas evaluaciones se realizan de acuerdo con las guías publicadas por la COFEPRIS para cada tipo de organismo autorizado. La COFEPRIS publica periódicamente convocatorias de expresiones de interés para ser autorizado a actuar como un TA respecto a una regulación específica o NOM.

La COFEPRIS es responsable de supervisar las actividades de los TA, incluyendo a través de inspecciones para asegurar que continúen cumpliendo las condiciones bajo las cuales fueron autorizados. La autorización puede revocarse o suspenderse si un TA no cumple los requisitos establecidos en la LGS o los reglamentos. La COFEPRIS publica un registro de TA autorizados, así como de las autorizaciones revocadas o canceladas.

Registro de Dispositivos Médicos

Los distribuidores o fabricantes deben demostrar la seguridad y eficacia de los dispositivos antes de su venta. Existen dos formas para registrar el cumplimiento con los requisitos establecidos para los dispositivos médicos por las disposiciones legales mexicanas. Por la vía estándar, el distribuidor demuestra la aprobación del dispositivo en el mercado interno del fabricante y la evidencia de un sistema de gestión de calidad certificado (p. ej., certificado ISO 13485). Una segunda vía incluye el uso de un Revisor de Tercera Parte. Los RTP son entidades públicas o privadas autorizadas por la COFEPRIS para proporcionar un informe técnico sobre la eficacia de los dispositivos médicos, basándose en el dossier enviado por el fabricante o distribuidor mexicano para el dispositivo médico. Una vez revisada por un RTP, la información se presenta a la COFEPRIS para un certificado de registro final. Si es necesario, la COFEPRIS puede solicitar información adicional. Sin embargo, el uso de un TFR por lo normal acelera el proceso de certificado de registro.

Además, la COFEPRIS reconoce los certificados de diversas jurisdicciones, con frecuencia de manera unilateral. Los dispositivos médicos aprobados por la FDA estadounidense y la agencia sanitaria canadiense, Health Canada, pueden solicitar el registro sin una revisión técnica extensa. Asimismo, el T-MEC fortalece aún más el reconocimiento mutuo de procesos de aprobación de productos de salud previos a la comercialización. El Anexo Farmacéutico del T-MEC establece que:

> *Cada Parte se asegurará que cualquier medida que aplique para garantizar la seguridad, eficacia o calidad de los productos farmacéuticos, incluidas las autorizaciones comerciales, los procedimientos de notificación y los elementos de cualquiera de estos, otorgue a los productos importados del territorio de otra Parte un trato no menos favorable que el otorgado a los productos similares de origen nacional y a los productos similares originarios de cualquier otro país, en una situación comparable. (Artículo 12.F.5 del Anexo al T-MEC)*

El Anexo además establece que los tres países intercambiarán información sobre farmacéuticos tras la certificación de una autoridad competente.

La Certificación de Establecimientos Tipo Inspección Federal (TIF) del SENASICA

El Servicio Nacional de Sanidad, Inocuidad y Calidad Agroalimentaria (SENASICA) es un organismo desconcentrado de la Secretaría de Agricultura y Desarrollo Rural (SADER). El SENASICA es responsable de la prevención de epidemias y enfermedades que afectan la agricultura, acuacultura y el cuidado animal. Además, regula y promueve la aplicación mecanismos para reducir el riesgo de contaminación alimenticia.

En 2014, el SENASICA publicó los requisitos y las especificaciones para la autorización de terceros que realizan procedimientos de evaluación de conformidad en el sector. Estos terceros (*órganos coadyuvantes*) son entidades privadas o individuos autorizados para verificar, certificar, diagnosticar y confirmar que los sujetos regulados cumplen con sus requisitos regulatorios, en específico las NOMs. Aunque terceros realizan la mayoría de los procedimientos de evaluación de la conformidad, si es necesario, el SENASICA puede inspeccionar y auditar directamente a sus sujetos regulados.

Para las NOMs y las regulaciones relacionadas con productos cárnicos y productos derivados, el SENASICA creó la Certificación de Establecimientos Tipo Inspección Federal (TIF). Un establecimiento certificado TIF es una instalación de sacrificio de animales de abasto, frigorífico e industrializador de res, pollo, huevos, lácteos, miel, salchichas y carnes frías que está sujeto a inspecciones sanitarias permanentes para verificar que el lugar y los procesos cumplan con las regulaciones indicadas por el SADER.

Los establecimientos que deseen recibir la certificación TIF deben contar con un veterinario autorizado en sus instalaciones, quien estará a cargo de realizar los procedimientos de evaluación de la conformidad. Además, en los establecimientos dirigidos a la exportación, la autoridad designa a un veterinario independiente adicional. El SENASICA determina los requisitos y los criterios que los veterinarios deben seguir para evaluar el cumplimiento regulatorio en una instalación de sacrificio de animales. También proporciona guías y manuales en línea para cumplir con los estrictos criterios, incluyendo instrucciones para el bienestar animal, inspecciones y mantenimiento de las condiciones sanitarias. De acuerdo con la información del SENASICA, a agosto de 2019 había dos organismos de acreditación de los establecimientos TIF en México y 471 instalaciones certificadas, que producen más de 60% de la res disponible en el mercado.

La evidencia anecdótica muestra que el cumplimiento con las NOMs es por lo general mejor en industrias que tienen una fuerte orientación hacia las exportaciones. Dado que los establecimientos TIF son los únicos elegibles para exportación, esta certificación ha ayudado a reducir el riesgo de enfermedades, mejorado la demanda nacional de carne y sus productos derivados y beneficiado a la economía nacional. Asimismo, como se discute en mayor detalle en el capítulo 3 a continuación, aparentemente el SENASICA ha desarrollado un enfoque basado en riesgos más robusto que le ayuda a mantener la integridad de este sector.

Notas

[1] Red Internacional de Infraestructura de la Calidad https://www.bipm.org/en/news/full-stories/2018-12-inetqi.html.

[2] NOM-005-SCFI-2017 Instrumentos de medición-Sistema para medición y despacho de gasolina y otros combustibles líquidos-Especificaciones, métodos de prueba y de verificación.

[3] Proyecto de Procedimiento para la Evaluación de la Conformidad de la Norma Oficial Mexicana NOM-199-SCFI-2017, Bebidas Alcohólicas- Denominación, Especificaciones Fisicoquímicas, Información Comercial y Métodos de Prueba publicado en el Diario Oficial el 4 de septiembre de 2019.

[4] La LFMN define las partes interesadas como todas las entidades acreditadas, usuarios de servicios de acreditación, asociaciones profesionales o académicas, cámaras industriales y de comercio, instituciones de educación superior, centros de investigación y entidades públicas que participan en las actividades sujetas a acreditación.

[5] En noviembre de 2017, la COFECE lanzó una investigación sobre posibles barreras de ingreso y sobre competencia en los sectores de normalización, acreditación y evaluación.

[6] Lineamientos para la integración, organización y coordinación de los Comités de Evaluación, dictados por la Secretaría de Comercio y Fomento Industrial.

[7] LFMN, Artículo 108.

62 |

Referencias

APEC (2000), *APEC Information Notes on Good Practice for Technical Regulation*, APEC, https://www.apec.org/~/media/Files/MinisterialStatements/Annual/2000/00_scsc3_017.doc. [1]

BEIS/UKAS (2019), *Memorandum of Understanding between the the Secretary of State for Business, Energy and Industrial Strategy (BEIS) and the United Kingdom Accreditation Service (UKAS)*, https://assets.publishing.service.gov.uk/government/uploads/system/uploads/attachment_data/file/816809/MoU-BEIS-UK-Accreditation-service.pdf. [5]

COFEPRIS (2019), *Relación de Terceros Autorizados*, https://www.gob.mx/cofepris/documentos/relacion-de-terceros-autorizados (accessed on 4 September 2019). [6]

IAF (2019), *IAF Members & Signatories*, https://www.iaf.nu//articles/IAF_MEMBERS_SIGNATORIES/4 (accessed on 16 September 2019). [3]

ILAC (2019), *ILAC MRA and Signatories*, https://ilac.org/ilac-mra-and-signatories/ (accessed on 16 September 2019). [4]

OECD/ISO (2016), *International Regulatory Co-operation and International Organisations: The Case of the International Organization for Standardization (ISO)*, OECD/ISO, https://www.oecd.org/gov/regulatory-policy/ISO_Full-Report.pdf. [2]

3 Inspecciones regulatorias y vigilancia del mercado

Este capítulo proporciona una descripción general de las diferentes inspecciones regulatorias que se utilizan para supervisar, promover y accionar el cumplimiento de las NOMs. Estas incluyen actividades de vigilancia del mercado (control de productos de consumo en el mercado), así como otros tipos y campos de inspección como seguridad farmacéutica, seguridad alimentaria, seguridad y salud laboral, entre otros. El capítulo entrega una descripción general de los recursos y enfoques que las autoridades regulatorias utilizan para planear y realizar inspecciones y actividades de promoción de cumplimiento.

Introducción

Las inspecciones regulatorias son el instrumento clave para que el gobierno controle y promueva el cumplimiento de las regulaciones. La vigilancia del mercado incluye verificar directamente los productos o servicios, ya sea en la etapa al menudeo o, en algunos casos, en la etapa de importación o venta al mayoreo. Otros tipos de inspecciones vigilan el cumplimiento durante la etapa de producción para garantizar la seguridad de los trabajadores, los vecinos, el medio ambiente y lograr una seguridad alimentaria efectiva a lo largo de la cadena alimentaria. En ocasiones, las dependencias también pueden verificar el trabajo de los OEC; con frecuencia esto sucede si los inspectores de supervisión del mercado encuentran un producto certificado que presenta incumplimiento.

En México, como regla general, la autoridad gubernamental a cargo de una NOM específica también es responsable de su supervisión, incluyendo el desarrollo de un programa de inspecciones. Tanto la Ley Federal sobre Metrología y Normalización (LFMN) como la Ley Federal de Procedimiento Administrativo (LFPA), que define los requisitos para las visitas de inspección, regulan las inspecciones de cumplimiento con las NOMs. No obstante, el nivel y tipo de sanciones se estipulan con frecuencia en leyes sectoriales[1].

México ha tenido algún éxito en generar confianza, en particular, en mercados de exportación de productos agrícolas, productos automotrices, y otros. Sin embargo, en el mercado nacional la confianza en las instituciones gubernamentales y en el cumplimiento de los productos sigue siendo un reto. En entrevistas realizadas como parte de este estudio, la PROFECO informó haber encontrado que casi 20% de los productos vendidos en México no cumplen con las regulaciones técnicas, mientras que los representantes de la industria reportaron que podría alcanzar hasta 50% en ciertas áreas de productos.

Este capítulo proporciona una descripción general de las prácticas de inspección regulatoria (incluyendo la supervisión del mercado) para algunos campos regulatorios en México, considerando ciertos sectores clave y algunos de los desafíos principales.

Descripción general de las inspecciones regulatorias en México

La LFPA y la LFMN son las dos leyes centrales que regulan la inspección y promoción del cumplimiento de las regulaciones técnicas, de seguridad y del consumidor en México.

Para supervisar la implementación correcta de la evaluación de la conformidad, la LFMN permite a las dependencias o a las partes autorizadas realizar visitas de verificación enfocadas en:

- Entidades de acreditación, para verificar su cumplimiento con la LFMN, el RLFMN y las NOMs (Art. 71); y
- Organismos de evaluación de la conformidad para verificar el cumplimiento con las NOMs (Art. 91) y en especial que los OEC estén implementando sus funciones con la debida diligencia y sin fraudes.

De igual forma, la LFMN otorga facultades (bajo el Art. 94) a los reguladores sectoriales para realizar:

- Inspecciones de metrología legal (verificación de instrumentos de medición);
- Actividades de supervisión del mercado (control de la conformidad de los productos y servicios para consumidores en el mercado), incluyendo la verificación de la composición y contenido de los productos a través de muestras y pruebas de laboratorio; e
- Instalaciones - que pueden cubrir un rango muy amplio de controles técnicos y de seguridad.

La LFMN también establece que cuando dos reguladores sectoriales tienen la facultad de inspeccionar una misma NOM, como resultado de la responsabilidad compartida, se deben coordinar entre sí. Aun así, la ley no especifica *cómo* se deben coordinar y es poco claro si esta coordinación en realidad ocurre y con qué frecuencia.

En la práctica, el análisis con las autoridades competentes y actores interesados mostró que el uso de diferentes términos ("inspección", "verificación", "supervisión", "monitoreo", entre otros) no es necesariamente consistente a nivel nacional, o con la terminología utilizada, por ejemplo, por la APEC para los procedimientos de evaluación de la conformidad (APEC, 2000[1]) o por la Unión Europea para las inspecciones de vigilancia del mercado (PROSAFE, 2008[2]). Esto puede crear confusión con respecto a la definición y aplicación exacta de cada término, y con respecto a las actividades que corresponden a una función regulatoria (utilizando la terminología de este estudio: "inspecciones regulatorias") o a una función delegada ejercida por los terceros acreditados y autorizados ("evaluación de la conformidad", que pueden incluir una variedad de métodos incluyendo las visitas en el sitio).

La LFMN también se refiere a la forma en la que los inspectores deben recolectar y gestionar las muestras y las acciones que pueden tomar en caso de un etiquetado inexacto.

La LFPA establece los requisitos específicos que deben observar los inspectores. Otorga a las autoridades administrativas facultades para verificar el cumplimiento con las leyes y las regulaciones. Estas pueden realizar visitas de verificación en las cuales la parte verificada recibe una orden por escrito emitida por la autoridad competente que especifica el lugar o área que se va a inspeccionar, el propósito de la visita, y el alcance y las leyes sobre las cuales se fundamenta, entre otras cosas. Al inicio de cada visita, los inspectores deben presentar un gafete de identificación emitido por la autoridad competente, con fotografía de identificación, confirmando la autorización y orden expresa para realizar esta función. Otros artículos en la LFPA se refieren también a procedimientos específicos que se deben seguir durante la visita.

El Artículo 70 de la LFPA establece las sanciones administrativas aplicables, mismas que varían desde una advertencia, multas y arresto por 36 horas hasta la clausura temporal o permanente. En caso de reincidencia en el incumplimiento, cabe la posibilidad de que se dupliquen las multas. La LFPA también contempla los procedimientos administrativos para apelar una sanción. La ley no contempla específicamente el otorgamiento de asesoría u otro tipo de apoyo para promover el cumplimiento.

No obstante, más allá de los marcos legales proporcionados por la LFMN y la LFPA, cada regulador sectorial tiene su propia estrategia o marco para desarrollar inspecciones y actividades de promoción de cumplimiento. El uso de multas y advertencias varía sustancialmente entre las diferentes autoridades gubernamentales. Asimismo, la mayoría de las autoridades gubernamentales proporciona alguna forma de lineamiento o lista de verificación para implementar las regulaciones aplicables. Un número de dependencias utiliza frecuentemente advertencias para fomentar el cumplimiento en aquellas empresas que no cumplen con las regulaciones.

Inspecciones regulatorias en la práctica: ejemplos de dominios regulatorios y sectores económicos específicos

Sería imposible describir las prácticas de inspección de cada secretaría o dependencia responsable por alguna de las 702 NOMs actualmente vigentes en México. Incluso al agrupar las NOMs por sectores económicos o ámbitos regulatorios (seguridad alimenticia, medio ambiente, seguridad técnica, entre otros), la experiencia internacional indica que puede haber más de docenas de organismos diferentes. En lugar de ello, esta sección ilustra algunas prácticas de los sectores clave y de los dominios que se evaluaron a través de las entrevistas con los actores interesados e investigación documental. En específico, destaca el caso de la PROFECO, que cuenta con una función especial en la aplicación de las regulaciones técnicas y del mercado en México y en su INC general, así como dos programas de regímenes especiales responsabilidad de la Comisión Reguladora de Energía (CRE) y la Comisión Federal para la Protección contra Riesgos Sanitarios (COFEPRIS), y un ejemplo de la Secretaría de Trabajo y Previsión Social (STPS).

A ciertos reguladores, en vez de la LFMN, la propia ley sectorial les otorga facultades de inspección y vigilancia del mercado. A pesar de que las agencias son reguladas bajo leyes distintas de la LFMN, cuando ejecutan las NOMs o sus propias regulaciones técnicas, de seguridad, etc. deben seguir las reglas administrativas para inspecciones y promoción del cumplimiento que se establecen en la LFPA. Por ejemplo, este es el caso de la COFEPRIS, la agencia federal que lidia con la importación de dispositivos médicos y los permisos de publicidad para los medicamentos, descrita a continuación.

Asimismo, algunas autoridades administrativas cuentan con facultades que les confieren leyes sectoriales para expedir instrumentos similares a las regulaciones técnicas, pero que no se sujetan a la LFMN. Este es, por ejemplo, el caso de la Ley Federal de Sanidad Vegetal, misma que permite a la SAGARPA regular los temas fitosanitarios a través de un número de instrumentos similares a las regulaciones técnicas que constituyen, en efecto, un sistema diferente al de la LFMN.

Promoción del cumplimiento e inspecciones regulatorias de la PROFECO

La PROFECO cuenta con una función especial en México como el principal inspector responsable de la protección al consumidor. Su mandato cubre un ámbito extenso de áreas, incluyendo la seguridad de los productos, etiquetado, los contratos de consumo, y en algunos casos, equipo de seguridad de trabajo y eficiencia energética. En total, la PROFECO es responsable de 163 NOMs que pertenecen a 5 secretarías: Secretaría de Economía (109 NOMs), Secretaría de Turismo [2] (7 NOMs), Secretaría de Energía (26 NOMs), Secretaría del Trabajo y Previsión Social (8 NOMs) y Secretaría de Salud (16 NOMs).

La Ley Federal de Protección del Consumidor (LFPC) otorga a la PROFECO la autoridad para supervisar y verificar el cumplimiento con las disposiciones establecidas en la ley y, dentro del alcance de su jurisdicción, la observancia de la LFMN, así como las normas oficiales mexicanas y disposiciones aplicables y, si corresponde, para establecer los criterios para verificar su observancia.

Además de estas funciones, la PROFECO realiza ciertas actividades de información para promover el conocimiento y ejercicio de los derechos de los consumidores. En entrevistas, representantes del sector privado mexicano indicaron que las inspecciones de la PROFECO tienden a enfocarse más sobre los precios y la "calidad" (un concepto que con frecuencia es difícil de describir, y que, ejerciendo una buena práctica, no se cubre en la mayor parte de las regulaciones técnicas, excepto en lo que respecta a la veracidad de la información para el consumidor), en lugar de seguridad del producto.

La PROFECO cuenta con aproximadamente 350 inspectores para las 163 NOMs bajo su jurisdicción. En la práctica, la dependencia enfoca sus inspecciones proactivas principalmente en solo tres NOMs (que cubren combustibles, básculas e instrumentos de medición) y en el etiquetado. Para otras NOMs, las inspecciones se realizan solo o principalmente a base de quejas. Esto significa que, en la práctica, la PROFECO realiza sobre todo inspecciones de metrología legal y protección / información al consumidor. En estas áreas (combustibles e instrumentos de medición), la PROFECO realiza servicios de evaluación de la conformidad a base de honorarios, aun cuando es posible que existan terceros acreditados por la EMA para realizar evaluaciones. Esto puede crear un conflicto de interés dentro de la PROFECO, que actúa tanto como proveedor de evaluaciones de la conformidad *como* autoridad regulatoria que realiza la vigilancia del mercado. Es probable que esta situación también sesgue la competencia en favor de la PROFECO y contra los PEC de terceros. El fraude en las evaluaciones de la conformidad (que la PROFECO indicó como un problema) se abordaría mejor a través de un programa robusto de supervisión de segundo nivel (inspecciones regulatorias), no por la PROFECO compitiendo al proporcionar servicios pagados.

Las multas por violación a las NOMs bajo la responsabilidad de la PROFECO pueden llegar hasta MXN 5.4 millones (alrededor de EUR 250 000) en aquellos casos en los que un mismo acto u omisión haya resultado en varias violaciones a la LFPC.

La PROFECO enfrenta un ambiente de cumplimiento desafiante en los mercados de consumo. México tiene una gran economía informal. Durante las entrevistas con la OCDE un buen número de interlocutores mencionó, también, que el precio es la preocupación clave de la mayoría de los consumidores en México. El ingreso per cápita en México se encuentra entre los más bajos de la OCDE. Turquía presenta un problema similar, pero se beneficia de su cercana relación comercial con la UE (Recuadro 3.1). Los grupos de la industria notaron que los consumidores mexicanos son extremadamente conscientes de los costos, por lo que es poco probable que estén dispuestos a pagar una prima por productos que cumplen altos estándares técnicos, y que están más dispuestos a correr el riesgo de comprar productos no conformes y más baratos. Sin embargo, la PROFECO y la Secretaría de Economía han intentado brindar información a los consumidores mexicanos sobre las regulaciones técnicas. Por ejemplo, la PROFECO produce el programa de Coordinación General de Educación y Divulgación, que promueve el conocimiento y el ejercicio de los derechos del consumidor y fomenta mejores decisiones de compra.

Recuadro 3.1. Retos de la vigilancia del mercado en mercados de menores ingresos en Turquía

Turquía es otro miembro de la OCDE con un ingreso doméstico limitado, en particular en algunas partes del país, donde muchos consumidores comprarán productos de menor costo independientemente de las consideraciones de seguridad o confiabilidad. El mercado nacional en Turquía es también muy diferente a nivel regional; moderno y sofisticado en Estambul y las regiones costeras en el suroeste, y bastante más pobre en la parte este del país. Los desafíos han aumentado por la devaluación y el flujo de refugiados.

Desde 1995, cuando se firmó la Unión Aduanera entre Turquía y la UE, Turquía ha transformado gradualmente su sistema de regulaciones técnicas para acercarse al modelo y la legislación de la UE. Esto significa que el país ha avanzado de un sistema basado en el uso generalizado de certificaciones obligatorias *ex ante* y controles de importación estrictos, a un régimen que depende más de la declaración de los productores/importadores, de la evaluación de la conformidad por terceros, etc. y más abierto al comercio internacional. Esto significa que la importancia de la vigilancia del mercado se vuelve bastante mayor.

De manera similar a México, existen desafíos adicionales, diferentes instituciones se encuentran a cargo de verificar el cumplimiento de los productos en la etapa de importación (el Ministerio de Economía de Turquía) y dentro del mercado nacional, y en el mercado interno, varias instituciones están a cargo de diferentes tipos de bienes (10 ministerios en Turquía), mientras que el desarrollo de coordinación e intercambio de información sigue siendo insuficiente.

El Ministerio de Ciencias, Industria y Tecnología, que se encuentra a cargo de la vigilancia del mercado para los aparatos eléctricos y de gas, ha estado enfrentando la ardua tarea de mejorar los niveles de cumplimiento en el mercado. De hecho, el refuerzo gradual de sus actividades ha conducido a un mayor nivel de detección de incumplimientos, debido a la presencia de más inspectores y verificaciones. De acuerdo a lo indicado en discusiones con la administración y especialistas, los consumidores de bajos ingresos (particularmente en el este de Turquía) están simplemente imposibilitados para pagar más por los bienes que necesitan, por lo que si el Ministerio se vuelve más efectivo en retirar del mercado los bienes que presentan incumplimiento, nuevos operadores informales toman el lugar de los previos e importan nuevos bienes con no conformes (pero baratos). En contraste, los compradores de Estambul compran principalmente de tiendas formales y, muy probablemente, prefieren marcas y productos confiables y de buena reputación debido a que cuentan con el suficiente ingreso disponible para pagar por ellos.

Esta situación muestra la importancia de desarrollar paulatinamente enfoques diferenciados y segmentados de implementación y cumplimiento regulatorio. A pesar de que la vigilancia del mercado "clásica", con inspecciones a base de riesgos y una combinación de información y promoción del cumplimiento, resulta apropiada para las regiones con mayores ingresos, y puede conducir poco a poco a mejores niveles de observancia y seguridad, es menos aplicable en áreas más pobres. En contraste, en dichas áreas, imponer sanciones y confiscar bienes no-conformes no consigue removerlos del mercado de manera sostenida (son rápidamente reemplazados por nuevos embarques, debido a que la demanda persiste), pero es posible que empobrezcan más a los consumidores locales al incrementar los costos para los comerciantes y, de este modo, los precios. En estos casos, reforzar las campañas de educación e información, y apoyar a la industria para establecer un esquema de cumplimiento voluntario para permitir a los clientes reconocer con más facilidad los comerciantes y bienes confiables, puede ayudar a desarrollar el mercado de manera progresiva.

Fuente: Programa de Vigilancia de Mercado Anual de Turquía 2017, http://ec.europa.eu/DocsRoom/documents/21490/attachments/1/translations/en/renditions/pdf; La eliminación de obstáculos técnicos al comercio en el contexto de la Unión Aduanera entre Turquía y la Unión Europea por Sübidey Togan, www.jstor.org/stable/43264532; notas de las reuniones con funcionarios de vigilancia del mercado en Turquía.

La PROFECO declara tener un programa anual enfocado en quejas y días festivos clave, en los que muchos consumidores y empresas compran y venden muchos bienes. Por ejemplo, la PROFECO ha evaluado la calidad de las telas, durante días festivos. Esta práctica puede crear costos para las empresas debido a que enfrentan mayores presiones durante las temporadas más agitadas del año. Gestionar procesos de inspección resulta más difícil y oneroso para los negocios durante dichas fiestas, en especial si las inspecciones son frecuentes y repetidas. En muchos países se ha demostrado que esto genera oportunidades de corrupción, dado que los negocios que se encuentran bajo mayor presión intentan deshacerse de los inspectores tan rápido como sea posible.

Además, dicho enfoque no está basado en los riesgos. Se dirige a un tipo de producto (telas) que por lo general crea poco peligro, y sobre el cual con frecuencia existen muy pocos requisitos sustanciales. Probablemente dicho enfoque se relaciona con la facilidad de encontrar incumplimientos menores (formales), en lugar de un enfoque derivado de datos (pues es poco probable que se registre un daño mayor para los consumidores). Además de la pesada carga para las empresas y, probablemente, mayores costos para los consumidores, es posible que este enfoque resulte en una asignación de recursos ineficiente. En Lituania, la OCDE encontró un problema similar de controles excesivos basados en quejas menores de los consumidores en relación con bienes respecto de los cuales no existían regulaciones técnicas sustanciales, lo que también redundaba en mayores cargas y menor eficiencia.

Esto significa que el inspectorado desperdicia alrededor de la mitad de sus, ya de por sí escasos, recursos en conflictos de naturaleza puramente privada, donde no están en juego problemas de seguridad y no existe razón para que el estado actúe. La falta de estadísticas adecuadas sobre la seguridad de los productos y lesiones o muertes causadas por productos inseguros en Lituania hace que el impacto negativo de esta mala asignación de recursos sea difícil de estimar. Sin embargo, la grave situación de seguridad en materia de incendios (véase anteriormente) sugiere que puede, de hecho, ser significativa (OECD, 2015[3]).

En total, la PROFECO evaluó 10.1 millones de productos en 2018 y encontró que alrededor de 20% o casi 2 millones no cumplían con las NOMs mexicanas (PROFECO, 2018[4]). La PROFECO también gestiona más de 100 000 quejas al año y reporta que más de 80% de ellas se resuelven a favor del consumidor. Esto no significa que estas quejas estén bien fundamentadas o que correspondan a problemas significativos desde una perspectiva basada en riesgos (véase el Recuadro 3.2 sobre la experiencia de Ucrania). En lugar de ello, se ha encontrado que las quejas representan una base deficiente para planear las inspecciones. Aunque ellas pueden ser eficientes en materia de costos (obviando la necesidad de recolectar y analizar datos para planear las intervenciones), inherentemente implican que la inspección llega "demasiado tarde". Además, un sistema de inspecciones en base a quejas, puede con frecuencia estar mal orientado por sesgos de los consumidores, dado que la propensión a quejarse puede derivarse de muchos factores no relacionados a la gravedad del problema, o por quejas malintencionadas realizadas por competidores de una determinada empresa (Blanc, 2018, pp. 84-86[5]).

Recuadro 3.2. Falta de conformidad formal vs. Falta de conformidad sustancial en Ucrania

Altos niveles de identificación de incumplimientos no siempre significan que haya violaciones a las regulaciones sustanciales, en específico, a aquellas relacionadas a la seguridad. Puede significar simplemente que existen problemas de trámites, en especial en países con sistemas de procedimientos complejos. En su Informe de 2008 sobre Regulaciones Técnicas en Ucrania, el Grupo del Banco Mundial destacó lo siguiente:

De acuerdo con los datos obtenidos en el curso de las inspecciones realizadas por el Comité de Estandarización Estatal, en la primera mitad del 2007, entre 44% y 72% de los productos resultaron no ser conformes con las regulaciones correspondientes. Sin embargo, solo entre 4% y 14% (dependiendo del tipo de bienes) de los casos de bienes industriales se debieron a incumplimiento de estándares. Todas las otras violaciones correspondían a normas formales. Las inspecciones de productos alimenticios no revelaron ninguna disconformidad, siendo la única excepción los productos grasos y oleaginosos. La parte más grande de los casos de incumplimiento documentados se debió a falta de documentación apropiada (29-62%) y/o información del producto (20-62%).

Fuente: boletín de prensa Derzhstandart del 13 de marzo de 2007; 1 de junio de 2007; 4 de mayo de 2007; y Regulaciones Técnicas en Ucrania 2008, Grupo del Banco Mundial.

Efectivamente, la vigilancia de mercado y las inspecciones de la PROFECO se basan en quejas o son aleatorias. A pesar de que las inspecciones aleatorias se ven menos afectadas por sesgos que aquellas basadas en quejas, son ineficientes pues reparten los recursos y cargas de forma equitativa, sin importar la probabilidad de violaciones o del daño potencial. Como tal, tampoco ofrecen incentivos de mejora, debido a que las empresas tienen las mismas chances de inspección cualesquiera que sean sus esfuerzos para mejorar sus prácticas. El Recuadro 3.3 presenta una explicación de buenas prácticas de inspección basadas en riesgos.

En el Reino Unido, las actividades de vigilancia del mercado se dirigen a los productos que generan riesgos más altos para los consumidores. La Oficina de Estándares y Seguridad de los Productos (OPSS) se creó específicamente en enero de 2018 (a través de la fusión de diversas estructuras previas que cubren la metrología, mejoría en la implementación regulatoria y algunas áreas de la vigilancia del mercado) para mejorar el sistema a nivel nacional, a través de una mayor consistencia entre las autoridades locales, mejores métodos de gestión de riesgos, mayor consolidación de información, y acciones a nivel nacional respecto de bienes peligrosos, etc.

Recuadro 3.3. Inspecciones basadas en riesgos - conceptos y enfoques clave

El riesgo debe entenderse como la combinación de la probabilidad de ocurrencia de un evento adverso (peligro, daño), y la magnitud potencial del daño causado (mediante la combinación del número de personas afectadas y la severidad del daño para cada una de ellas).

Resulta importante que no se malentienda el riesgo únicamente como la probabilidad de que ocurra alguna violación o problema; de hecho, en algunos tipos de establecimientos, pueden ser frecuentes ciertas violaciones (muy probables), pero que tienen muy pocos o ningún efecto adverso. Por otra parte, el riesgo tampoco es idéntico al nivel del peligro, es decir, únicamente la severidad potencial de las consecuencias: si un evento es muy poco probable, incluso si las consecuencias potenciales son graves, el nivel de riesgo general no puede considerarse extremadamente alto.

Un adecuado entendimiento del riesgo es definirlo, en línea con las mejores prácticas y los hallazgos de investigaciones, como el producto de la "magnitud" (que por sí misma es la combinación de la severidad del efecto y de los números potencialmente afectados) y la "probabilidad" de que pueda ocurrir:

Nivel de riesgo = magnitud x probabilidad.

El término "evaluación de riesgo" en el sentido regulatorio significa la evaluación de:

*   El riesgo estratégico: es decir, la consideración del propósito de la organización regulatoria, los riesgos regulatorios clave que la legislación primaria y la autoridad regulatoria están diseñados a controlar y la definición de objetivos para abordar dichos riesgos;
*   El riesgo operativo: es decir, el diseño de intervenciones basadas en riesgos que consideran las inquietudes y prioridades de los ciudadanos, el ambiente de negocios, su modo de operación e incentivos, y condiciones del mercado más generales;
*   La evaluación de riesgos de los negocios individuales;
*   Las sanciones de acuerdo a los riesgos: es decir, el uso de decisiones de sanción basadas en los riesgos como parte de una respuesta proporcional al incumplimiento.

El término "focalización basada en los riesgos" se refiere a:

*   La selección de la intervención más apropiada para conseguir mejores resultados regulatorios, que pueden ser educación, entrega de información, inspecciones, entre otros;
*   La asignación de recursos para las diversas intervenciones; y
*   Los criterios contra los cuales los negocios son seleccionados para dichas intervenciones.

La evaluación de riesgos en el contexto de este documento se refiere a los diversos esquemas utilizados para evaluar el nivel de riesgo asociado con un negocio, actividad, instalación o producto en particular, que informa y en algunos casos determina la naturaleza de la respuesta regulatoria subsecuente y su prioridad.

Idealmente, las evaluaciones o "calificaciones" de riesgo de las empresas, no deberían basarse únicamente en los elementos obtenidos al momento de una inspección u otra intervención, sino que también deben considerar otra información relevante disponible que proporcione elementos para decidir la respuesta regulatoria. Por tanto, la evaluación de riesgos es clave para la implementación de una mejor regulación y desempeña un papel crucial en todos sus principios: rendición de cuentas, transparencia, proporcionalidad, determinación de objetivos y consistencia.

Fuente: Grupo del Banco Mundial (2013), Introducing a risk-based approach to regulate businesses [introducción de un enfoque basado en riesgos para regular los negocios]; y Oficina de Cumplimiento de una Mejor Regulación del Reino Unido, (2012), Proposals for Developing a Common Approach to Risk Assessment (propuestas para desarrollar un enfoque común hacia la evaluación de riesgos).

La jurisdicción de la PROFECO abarca un gran número de sectores y áreas de protección al consumidor, especialmente porque no solo incluye la seguridad de producto para el consumidor, sino también la metrología y disposiciones generales sobre protección al consumidor. La PROFECO también es responsable de un número de NOMs relacionadas al turismo, por ejemplo, las NOMs relacionadas a los instructores de buceo y operadores turísticos, y la higiene de los complejos hoteleros. Como un siguiente paso en la evaluación del sistema de regulaciones técnicas, de seguridad y del mercado en México, podría abordarse una evaluación comparativa de las funciones de la PROFECO contra las buenas prácticas internacionales, la que también puede incluir una comparación del alcance de las regulaciones técnicas en México en términos de sectores y productos para determinar cuáles se ajustan o no con un enfoque basado en riesgos.

Por último, la PROFECO ha resultado afectada en diferentes momentos por casos de corrupción de inspectores, así como por interferencias políticas en actividades de inspección. En varias ocasiones, la PROFECO ha despedido a muchos inspectores de una sola vez. Para intentar resolver esta situación, en 2015, la PROFECO expidió un Código de Conducta para evitar conflictos de interés, pero resulta poco claro en esta etapa qué tan efectivo ha sido.

La experiencia internacional indica que la falta de un enfoque basado en riesgos, con énfasis en los requisitos formales, la práctica excesiva de inspecciones basadas en quejas, y el incremento en las actividades inspección durante días festivos, entre otros, son todos factores que tienden a incrementar la corrupción. Hacer "menos pero mejor" y asegurar que el personal esté bien calificado y sea adecuadamente compensado son pasos importantes hacia un inspectorado más profesional y ético.

Asimismo, las regulaciones técnicas aplicables a productos no alimenticios generalmente establecen requisitos altamente específicos y bien desarrollados (mismas que la mayor parte de los actores interesados consideran los mejores ejemplos a nivel internacional; p. ej., las normas para la seguridad de aparatos eléctricos). En contraste, sus inspecciones regulatorias recaen sobre la PROFECO, un organismo no especializado en la materia, con amplias facultades y un perfil profesional que se enfoca en "garantizar el cumplimiento de la ley" en vez de enfocarse en cuestiones técnicas.

Promoción del cumplimiento e inspecciones regulatorias de la CRE

La Comisión Reguladora de Energía (CRE) de México es la encargada de regular áreas significativas del mercado de hidrocarburos en México, incluyendo los mercados en etapas intermedias y posteriores del proceso, así como toda la cadena de valor de electricidad. Aunque se trata principalmente de un regulador económico, la CRE es responsable de supervisar el cumplimiento de numerosas NOMs. La CRE es responsable de las siguientes NOMs:

- NOM-001-SECRE-2010 – Especificaciones del gas natural;
- NOM-014-CRE-2016 – Especificaciones de la calidad de petroquímicos; y
- NOM-016-CRE-2016 – Especificaciones de la calidad de productos del petróleo.

La misión de la CRE es regular y supervisar de una manera confiable y coordinada las actividades del sector de energía para promover una inversión productiva y su desempeño eficiente y sustentable para beneficio de México. Su objetivo estipulado es crear un sistema de reguladores independientes y especializados, capaz de garantizar un sector de energía seguro, confiable, competitivo y sustentable.

La CRE ha adoptado un documento normativo oficial para las inspecciones basándose en los Principios de la OCDE sobre las Mejores Prácticas para Hacer Cumplir las Normas y para Realizar Inspecciones. La política está diseñada específicamente a enfocar las inspecciones a negocios que probablemente estén en incumplimiento y que crean riesgos significativos. Las inspecciones de la CRE se basan en:

- La disponibilidad de los recursos humanos y financieros;
- El grado de cumplimiento de las obligaciones por parte de los titulares de los permisos;

- El número de quejas que tienen los titulares de los permisos;
- El número de emergencias operativas y casos fortuitos o de fuerza mayor en los sistemas permisibles; y
- Otros factores, por ejemplo, las condiciones del mercado y sistémicas.

En general, como se destacó previamente, una dependencia excesiva en las quejas para focalizar las inspecciones resulta en un enfoque puramente responsivo y no basado en los riesgos. En la medida en que el número y los tipos de quejas se utilicen únicamente para mejorar la focalización basada en los riesgos, y siempre que dicha focalización se base en otros elementos (por ejemplo, las características de la operación y los hallazgos de inspecciones previas), esto podría resultar ser una buena práctica. Sería necesaria más información para evaluar el enfoque de la CRE en este aspecto.

La Política de Inspección de la CRE tiene como objetivo enfocarse de manera selectiva en las empresas con más probabilidades de estar en incumplimiento, pero no necesariamente a focalizarse en las NOMs o partes de las NOMs de mayor riesgo a la sociedad. De nuevo, se debería determinar a través de investigaciones adicionales en qué grado la CRE hace esto de manera efectiva, o si por ahora su focalización basada en riesgos es, en realidad, sobre todo una focalización basada en el cumplimiento.

A diferencia de otras autoridades de inspección técnica, la CRE ha creado un sistema de inspección de tres niveles (reducido, normal y riguroso) basándose en el perfil de riesgo de no cumplimiento de la empresa y en las condiciones del mercado para las inspecciones que realizan respecto de ciertas regulaciones, pero no en las NOMs. Este es un modelo que podría imitarse y replicarse más.

La CRE también tiene una política explícita para alentar el cumplimiento de los regulados en lugar de un fuerte enfoque en las sanciones. El párrafo catorce del documento normativo determina que, para fomentar el cumplimiento voluntario, es necesario que los negocios regulados conozcan:

- Las regulaciones y las obligaciones a las cuales se someten las actividades permitidas;
- Cuáles son las consecuencias de no cumplir con la regulación y con las obligaciones del permiso, así como los tipos de sanciones que pueden aplicar.

La CRE también ha adoptado un nuevo Código de Conducta de la Comisión Reguladora de Energía, que se alinea con el Código Ética de los Servidores Públicos del Gobierno Federal para promover un ambiente de responsabilidad, compromiso y respeto para los derechos humanos y laborales del personal de la CRE (Recuadro 3.4).

Recuadro 3.4. Los once valores del Código de conducta del empleado de la CRE

1. Competencia. Conocimiento, habilidades y experiencia que la gente desarrolla para entender y ejecutar sus tareas diarias.
2. Compromiso. Responsabilidad asumida para cumplir los objetivos establecidos en una manera oportuna.
3. Empatía. Entendimiento de la posición en las circunstancias del público general, de los sujetos regulados y colaboradores.
4. Trabajo en equipo. Colaboración de todos los miembros de la Comisión, basándose en una comunicación fluida y efectiva en todos los niveles y en todas las direcciones.
5. Excelencia. Resultado de un trabajo constante y con altos estándares de calidad individual y colectiva.
6. Integridad y honestidad. Actuar de acuerdo con la ley y el interés público, con ética y transparencia.

---

7. Pragmatismo. Practicidad para realizar las actividades diarias de la Comisión, con el propósito de lograr un trabajo ágil y efectivo.

8. Respeto. Garantía de espacios libres de violencia donde la libertad de expresión se asegure y se promueva la diversidad y la tolerancia hacia otros.

9. Creatividad. Generación constante de nuevas ideas para la resolución de problemas y mantener la mejora continua.

10. Determinación. Asunción de responsabilidad de manera proactiva con coraje y perseverancia.

11. Capacidad de respuesta. Toma de decisiones y comunicación de los riesgos en una manera oportuna para anticipar los problemas y generar soluciones efectivas.

Fuente: CRE (2018), Código de conducta de la Comisión Reguladora de Energía, 14 de diciembre.

Promoción del cumplimiento e inspecciones regulatorias de la COFEPRIS

La COFEPRIS es un organismo regulador descentralizado del gobierno mexicano que supervisa la salud y los temas relacionados a la salud, ampliamente definidos. Es responsable de la supervisión del mercado y de las inspecciones en diversos sectores con un importante impacto en la salud, incluyendo la fabricación segura y la distribución de fármacos y dispositivos médicos, atención médica (hospitales, clínicas) y un número de aspectos de seguridad alimenticia. Su autoridad se le otorga bajo la Ley General de Salud.

La Ley General de Salud otorga a la COFEPRIS la facultad de realizar inspecciones que son parte de un PEC ya sea por sí misma o mediante la participación de un tercero. La Ley General de Salud también otorga a la COFEPRIS las facultades de vigilar el trabajo de terceros que pueden realizar informes sobre la eficacia de fármacos y productos médicos, así como también de laboratorios.

Respecto a los alimentos, la COFEPRIS tiene una competencia compartida con el SENASICA (bajo la Secretaría de Agricultura, y es responsable de la producción primaria pero también de una parte de la transformación / el procesamiento) y con las autoridades a nivel estatal (responsables de la mayoría de las inspecciones del procesamiento, comercio y servicio de alimentos); con estas últimas actuando de acuerdo a guías y planes emitidos o validados por la COFEPRIS.

Con base en la información disponible, la COFEPRIS parece basar gran parte de sus inspecciones en una selección aleatoria o en quejas, dentro de las prioridades definidas ampliamente a nivel sectorial. Por ejemplo, se reportó que la COFEPRIS inspecciona aleatoriamente productos alimenticios en un punto de venta para verificar el cumplimiento con las regulaciones de etiquetado de alimentos vigentes, y toma muestras de los productos alimenticios para garantizar que dichos productos sean seguros para el consumo humano (USDA - Foreign Agriculture Service, 2018[6]). Si lo anterior corresponde a una actividad de monitoreo (con el objetivo de establecer niveles promedio de cumplimiento), una selección aleatoria puede ser apropiada, pero si se trata una actividad de inspección (que conduce potencialmente a medidas de cumplimiento), la selección aleatoria resulta ineficiente.

La COFEPRIS puede realizar dos tipos de visitas: una visita de verificación o una visita de promoción sanitaria. Una visita de verificación es una inspección de naturaleza regulatoria a un establecimiento para verificar el cumplimiento con los requisitos legales y regulatorios. Una visita de promoción sanitaria tiene el objetivo de promover mejores prácticas a través de asesoría y capacitación, guías de buenas prácticas o manuales para informar al propietario de una instalación sanitaria sobre cómo actuar en conformidad con la legislación actual (Tiol-Carrillo, 2017[7]). La COFEPRIS no declaró utilizar métodos específicos basados en riesgos para planear inspecciones (salvo para las inspecciones de producción farmacéutica), aunque la Comisión de Evidencia y Manejo de Riesgos (CEMAR) dentro de la COFEPRIS sí identifica y evalúa los riesgos sanitarios que se presentan de los fármacos y los dispositivos médicos.

En términos de la selección del objeto de inspección, las entrevistas sugirieron que ésta se realiza en base a un análisis sectorial general (qué tipos de objetos o subsectores parecen generar los principales problemas), con un nivel de consideración de la trayectoria de los establecimientos (principalmente en el sentido de inspeccionar como prioridad aquellos que ya han registrado problemas). La selección parece ser más focalizada en establecimientos de atención sanitaria, sobre todo en los principales (que son más pequeños en número), y menos focalizada en el caso de los establecimientos alimenticios (principalmente controlados por las autoridades estatales a nombre de o en coordinación con la COFEPRIS).

Aunque parece existir un entendimiento general de un enfoque amplio y de alto nivel basado en riesgos (que selecciona los sectores prioritarios, pone atención a la trayectoria) no parece existir un método, herramienta (criterios, métodos de calificación, etc.), proceso o sistema específico para focalizar sistemáticamente las inspecciones en base a riesgos. Asimismo, parece haber un alto nivel de dependencia en inspecciones "de respuesta"; es decir, en visitas de inspecciones tras quejas. En general, éstas han resultado ser menos efectivas para mejorar los resultados, sobre todo si existe una gestión insuficiente de las quejas para analizarlas y decidir una respuesta proporcional basándose en las particularidades del caso (confiabilidad, problemas presentados, primeros casos o casos repetidos, etc.).

Inspecciones de Buenas Prácticas de Fabricación (productos farmacéuticos)

Como regulador de productos farmacéuticos, la COFEPRIS realiza inspecciones de Buenas Prácticas de Fabricación y certificación para fármacos. Se requiere una inspección antes de solicitar la aprobación. Se necesita una visita de verificación de la COFEPRIS para verificar los procesos de fabricación para su registro y cambios en la fabricación de productos biológicos, hemoderivados y biotecnológicos. Además, los inspectores de la COFEPRIS realizan la verificación para el registro inicial o renovación de un fármaco producido en un país que no puede demostrar un alto nivel de vigilancia sanitaria. No obstante, la COFEPRIS reconoce las verificaciones de las autoridades sanitarias que son miembros de la Convención de Inspección Farmacéutica y Esquema de Cooperación sobre la Inspección Farmacéutica (PIC/S). Como se observa en el Estudios de Evaluación de Competencia de la OCDE de México (OECD, 2018[8]), la COFEPRIS no reconoce las buenas prácticas de fabricación de algunos de los más grandes proveedores, India y China, pero esto se alinea con las buenas prácticas internacionales, ya que la Unión Europea trata con similar escrutinio a los productores de estos países.

Programa de Autogestión en Seguridad y Salud en el Trabajo (PASST) por la Secretaría del Trabajo y Previsión Social (STPS)

La Secretaría del Trabajo y Previsión Social es responsable de la política laboral en México. Realiza diversas actividades de inspección para garantizar que los lugares de trabajo cumplan con sus obligaciones de mantener buenas condiciones laborales, para proteger la salud y seguridad de los trabajadores y asegurar que las empresas estén capacitando de manera adecuada a los empleados.

La Secretaría del Trabajo y Previsión Social cuenta con un Programa de Autogestión en Seguridad y Salud en el Trabajo (PASST). El programa permite a las empresas autoevaluar su cumplimiento de todas las 38 NOMs relevantes para la seguridad en el lugar de trabajo. Los tres objetivos del programa son:

- Promover esquemas para la autoevaluación del cumplimiento de las regulaciones, con corresponsabilidad de los empleados y trabajadores.
- Inducir la mejoría continua en la prevención de accidentes y enfermedades ocupacionales.
- Reducir los accidentes y enfermedades ocupacionales.

El programa también incluye una herramienta informática para la identificación de las NOMs aplicables en materia de salud y seguridad en el trabajo. Aunque ambas (el programa en general y la herramienta computacional) son potencialmente muy útiles y se alinean con la buena práctica internacional, la estructura regulatoria puede poner en riesgo su efectividad; es decir, enfatizando el cumplimiento con

NOMs individuales en lugar de una gestión exhaustiva de los riesgos para la salud y seguridad ocupacional en el establecimiento. Comparaciones con prácticas y resultados de diferentes países han demostrado que un enfoque regulatorio que se centra en una gestión de riesgos exhaustiva, en lugar de "rellenar formularios" en un número de reglas individuales precisas, representa menos cargas y es considerablemente más efectivo. Las investigaciones han demostrado que el Reino Unido alcanzó mejores resultados en seguridad y salud ocupacional que Francia e incluso Alemania con inspecciones 3 a 5 veces menos frecuentes, gracias a más inspecciones basadas en riesgos y a un enfoque comprehensivo hacia la gestión de riesgos (Blanc, 2018[5])

La Agencia Ejecutiva para la Salud y Seguridad (HSE), responsable de OSH en el Reino Unido, ha desarrollado una política de cumplimiento que se basa en el enfoque de riesgos y la proporcionalidad de los riesgos para focalizar las inspecciones, realizar verificaciones en terreno y decidir sobre las potenciales medidas posteriores a la inspección (Recuadro 3.5). Estas juegan un papel en el hecho que el Reino Unido tenga una de las tasas más bajas de fatalidades en el lugar de trabajo en la UE y a nivel mundial. Solo 10 trabajadores mueren por millón de población económicamente activa por año, en comparación a un promedio de 38 en UE-27, EFTA/EEA, países candidatos y potenciales a la adhesión (WHO, 2019[9]). Otros países han desarrollado conjuntos de principios o enfoque similares, un buen ejemplo en otra área (seguridad alimentaria) es el de la Administración Danesa de Veterinaria y Alimentos (Recuadro 3.5).

Recuadro 3.5. Los principios de promoción del cumplimiento normativo e inspecciones

Política Ejecutiva de Promoción del Cumplimiento Normativo para la Salud y la Seguridad del RU

La HSE aplica los siguientes principios a sus actividades de cumplimiento:

- Proporcionalidad al aplicar la ley y garantizar el cumplimiento;
- Focalización de la acción de cumplimiento;
- Consistencia en el enfoque;
- Transparencia sobre la manera en la que opera la HSE y qué pueden esperar las empresas, los trabajadores y el público; y
- Rendición de cuentas por sus acciones.

Estos principios se aplican tanto al cumplimiento en casos particulares como a la gestión de actividades de cumplimiento como un todo. No se aplican de manera aislada, sino que se informan con un entendimiento del ambiente de negocios. Permiten el cumplimiento efectivo, sin afectar el crecimiento económico, al requerir a los inspectores ser proporcionales en su toma de decisiones y conscientes para mantener en un mínimo la carga sobre la productividad las empresas.

La HSE adopta un enfoque proporcional para ejecutar la ley a través de diferentes industrias y sectores, reconociendo la importancia de apoyar a los negocios para su cumplimiento y crecimiento. En su trato con los regulados, busca garantizar que la acción de cumplimiento sea proporcional a los riesgos para la salud y la seguridad y a la seriedad de cualquier violación de la ley. Esto incluye cualquier daño real o potencial que se presente por cualquier violación, y el impacto económico de la acción abordada. La HSE espera que los regulados, a su vez, adopten un enfoque sensible y proporcional para gestionar la salud y la seguridad, enfocándose en riesgos significativos; es decir, aquellos con el potencial de causar un verdadero daño. Aplicar el principio de la proporcionalidad significa que los inspectores deben considerar particularmente, qué tan discrepante es la conducta del regulado de lo requerido por la ley y la magnitud de los riesgos creados.

La HSE utiliza un enfoque basado en riesgos al decidir qué responsables directos inspeccionar proactivamente, tomando en cuenta factores como el tamaño, tipo de actividades, sector de la industria y las tasas de muertes, lesiones e insalubridad asociadas. La HSE también utiliza criterios proporcionales y basados en los resultados para decidir qué incidentes, enfermedades y sucesos peligrosos deben investigarse. Esto significa que la HSE dirige los recursos de inspección e investigación principalmente a las actividades, industrias y sectores que dan a lugar a los riesgos más serios, en donde y cuando los riesgos son menos controlados de forma adecuada, o en donde está en duda la competencia para gestionar la salud y la seguridad. Por lo general, las actividades bajas en riesgos no estarán sujetas a promoción del cumplimiento a menos que haya ocurrido un daño real.

Fuente: Health and Safety Executive (2015), Enforcement Policy Statement [declaración de cumplimiento de políticas], pp. 2-4, https://www.gov.gg/CHttpHandler.ashx?id=106727&p=0 (acceso el 10 de septiembre de 2019).

La Administración Danesa de Veterinaria y Alimentos

Las inspecciones de la Administración Danesa de Veterinaria y Alimentos siguen determinados principios claves para el control oficial de los productos:

Los controles deben ser preventivos

Un elemento importante del proceso de control es la entrega de información a los establecimientos y productores primarios, para asegurarse de que comprendan el fundamento de las regulaciones y se motiven a cumplirlas.

Control analítico

El control analítico debe ser un ser una verificación sobre la capacidad del establecimiento o productor primario para gestionar el manejo o producción primaria de productos alimenticios.

Inspecciones orientadas a las necesidades

Las inspecciones deben ser regulares y orientarse a las necesidades. Deben también ser dinámicas y aplicarse con mayor intensidad donde las necesidades son mayores. Una vez que un problema ha sido resuelto, los esfuerzos de inspección deben concentrarse en otros lados. Los resultados de una inspección y los nuevos conocimientos adquiridos de, por ejemplo, estudios de vigilancia y tendencias, deben utilizarse para mantener el proceso orientado en metas y para mejorar las regulaciones.

Buscar la causa del problema

Las inspecciones deben buscar la causa del problema. Los esfuerzos de inspección deben concentrarse lo más posible en aquellos eslabones de la cadena de "granja a mesa" de los cuales emanan los problemas. Si los problemas se detectan en eslabones posteriores, las partes responsables deben ser contactadas para realizar inspecciones en el establecimiento o productor primario relevante, que es donde debe resolverse el problema.

Reacción

El proceso de control debe premunirse de las sanciones que sean necesarias para asegurar la observancia de las regulaciones. Por una parte, la reacción no debe ser más radical que lo necesario, por otra parte, las sanciones deben tener un impacto tal que aseguren que las regulaciones sean respetadas. Si el establecimiento o productor primario involucrado incumple las sanciones de la autoridad de control, éstas deben ser escaladas.

Efectos uniformes

Los efectos de las inspecciones deben ser uniformes, tanto geográficamente como dentro de las diversas ramas de la industria alimentaria. Esto significa, por ejemplo, que la importación y producción deben ser objeto de los mismos requisitos, y que el cumplimiento de las regulaciones debe exigirse en forma uniforme en todo el país.

Documentar su propia confiabilidad

El proceso de inspección debe ser capaz de documentar su propia confiabilidad y efectividad, y debe estar disponible al público. Los resultados de las inspecciones deben ser visibles en aquellos lugares en los que los consumidores adquieren productos alimenticios, y en la Internet, de forma de hacer más fácil a los consumidores la evaluación de los establecimientos involucrados y el proceso de control oficial.

Fuente: Danish Food and Veterinary Authority, *Inspection Principles* (octubre 2015) – disponible en: https://www.foedevarestyrelsen.dk/english/Inspection/Inspection_principles/Pages/default.aspx

Inspecciones regulatorias y vigilancia del mercado en la práctica: principales retos

Esta sección identifica los retos más significativos que enfrentan las inspecciones regulatorias de México en relación con las NOMs en comparación con los Principios de la OCDE sobre Mejores Prácticas Para el Cumplimiento las Normas e Inspecciones. Las prácticas para la gestión de riesgos e intercambio de información, entre otros, varían de manera significativa entre las diferentes secretarías y agencias federales. Sin embargo, existen algunas tendencias generales en relación con los retos que enfrentan las inspecciones y el cumplimiento de las regulaciones técnicas, de seguridad y de mercado en México.

Recursos

- Principios de Mejores Prácticas relacionados: profesionalismo; selectividad; enfoque en riesgos y proporcionalidad

La vigilancia del mercado y las inspecciones requieren inspectores capacitados que cuenten con la experiencia suficiente y que comprendan las NOMs y la naturaleza de los negocios regulados. Además, los inspectorados deben dirigir los recursos hacia las regulaciones o hacia porciones de regulaciones técnicas que presentan riesgos reales para los ciudadanos. El gobierno mexicano enfrenta un reto particular para utilizar los recursos gubernamentales de manera efectiva. México tiene el gasto gubernamental per cápita más bajo en la OCDE, por lo que los recursos de las inspecciones deben enfocarse cuidadosamente a aquellos problemas regulatorios (NOMs) que tengan el mayor impacto sobre los ciudadanos y a los negocios, productos, etc. que creen/presenten los mayores riesgos.

Similar al problema de la falta de OEC, en las entrevistas, los reguladores mexicanos mencionaron que pueden existir algunas áreas o NOMs que estén significativamente sub-inspeccionadas. Por ejemplo, la SENER se enfoca en las inspecciones en las plantas de energía grandes, pese a que las plantas de energía más pequeñas pueden representar un riesgo significativo; la SENER carece de los recursos para monitorear las plantas de energía por debajo de cierto tamaño.

En otras áreas clave, como la protección del consumidor, la vigilancia del mercado en México algunas veces se enfoca en las regulaciones más fácilmente "visibles", en lugar de dirigir los recursos a las áreas del mayor riesgo para el público. Por ejemplo, la PROFECO se ha enfocado previamente la calidad de la ropa. Como se indicó anteriormente, esto se encuentra bastante lejos de las buenas prácticas, por cuanto dirige específicamente la mayoría de los recursos a las áreas del menor impacto. Además, la experiencia sugiere que, debido al bajo número de reglas de seguridad que aplican a la ropa, dichas inspecciones pueden resultar distorsivas para el mercado, con los inspectores enfocándose en el precio o problemas de etiquetado en formas que muestran un uso claramente excesivo de la discreción.

Tal y como se señaló anteriormente en forma breve, la PROFECO es responsable de un gran número de NOMs, muchas de las cuales tienen un contenido técnico importante (que en muchos casos parece ser de alta calidad). Sin embargo, el personal de la PROFECO no corresponde con este mandato. La institución posee un fuerte perfil "legal", en lugar de uno técnico. Al parecer no existen unidades técnicas especializadas o equipos para lidiar con los bienes que presentan un mayor nivel de complejidad o riesgo. El número limitado del personal combinado con el gran tamaño del mercado significa que la PROFECO necesitaría tener un enfoque basado en riesgos muy fuerte para enfocar sus recursos limitados en los riesgos más críticos. Sin embargo, en la actualidad este no es el caso.

Muchos autores han señalado que puede ser necesario pagar un salario de eficiencia a los inspectores (un salario establecido por encima de los precios del mercado) para desalentar la corrupción. Si los inspectores reciben un pago más que justo por su función, resulta mucho menos probable que acepten sobornos que puedan tener consecuencias legales o financieras. Como mínimo, los inspectores deben recibir un pago *conforme a los precios del mercado* y no menor. Los países donde los inspectores reciben un pago fuertemente inferior son conocidos por problemas mayores de corrupción en las inspecciones, que ninguna reforma logra reducir. Los recortes en el tamaño del servicio público, tanto en salarios como en empleo, reducirán más el número de instructores y su pago. Aunque un menor personal pero mejor pagado podría ser un enfoque adecuado, recortar los salarios casi ciertamente tendría consecuencias adversas sobre la calidad del personal que promueve el cumplimiento de las NOMs.

Regulación focalizada y responsable

- Principios de Mejores Prácticas relacionados: profesionalismo; selectividad; enfoque en riesgos y proporcionalidad

Las inspecciones deben dirigirse hacia aquellos negocios, productos, infracciones que tienen o pueden tener las consecuencias más graves para la salud, la seguridad y el bienestar de los ciudadanos. Los gobiernos pueden asegurar esto permitiendo a los inspectores exigir el cumplimiento en áreas específicas y dejar otras áreas a las fuerzas del mercado.

En México, también escuchamos que los inspectores con frecuencia se ven obligados a verificar el contenido completo de una determinada NOM durante las inspecciones. Este podría no ser el mejor uso de los recursos, dado que no todas las partes de una NOM crean la misma cantidad de riesgo para los ciudadanos mexicanos. Las inspecciones por sí mismas deben aprobar un análisis de costo-beneficio; el sistema de inspección debe mejorar el funcionamiento de los mercados y reducir los riesgos a través de mejores tasas de cumplimiento, más de lo que cuesta a las empresas y gobiernos pagar por las inspecciones. Como destaca Blanc, existe un creciente cuerpo de investigación sobre los efectos dañinos de las malas regulaciones e inspecciones (excesivas, no focalizadas o arbitrarias) (Blanc, 2018[5]). Por lo tanto, resulta crítico que los recursos (tanto del gobierno como los costos del cumplimiento de las empresas) se dirijan cuidadosamente a las regulaciones, productos, y establecimientos de alto riesgo, etc.

La focalización de objetivos también debe ser parte del marco estratégico general de las entidades de inspección. En México, algunos inspectorados han comenzado a utilizar la Matriz de Indicadores de Resultados (MIR), que se notifica a la Secretaría de Hacienda y Crédito Público a través del portal de su aplicación. Por ejemplo, la SENER, usa la MIR y da un informe sobre los indicadores y metas de calidad.

No es suficiente dirigir las inspecciones a las partes correctas de una regulación técnica. Los gobiernos deben seguir los principios de una regulación responsable o, como lo establecen Baldwin y Black, los gobiernos deben decidir "cuándo castigar; y cuándo persuadir" (Baldwin and Black, 2007[10]). En el caso de México, escuchamos que, en parte debido a la estructura de LFPA y de leyes sectoriales, los inspectores con frecuencia emiten advertencias y después sancionan. En esencia, se les dice a los negocios que "cumplan o que se atengan a las consecuencias". Como (Hawkins, 2002[11]) demostró, el enfoque de la HSE del Reino Unido por el contrario enfatiza el uso de "la ley como último recurso"; es decir, que la cooperación y la asesoría son las herramientas primarias. Como se mostró de manera previa, este enfoque cooperativo y responsable ha demostrado resultados bastante superiores.

Sin embargo, las autoridades de vigilancia del mercado con frecuencia producen algunas guías, kits de herramientas o listas de verificación propias para ayudar a promover el cumplimiento con las NOMs. No obstante, no resulta claro si los inspectores pueden ofrecer asesoría sobre cumplimiento, incluso después de emitir una advertencia, y no se ha evaluado a qué grado las herramientas de guía existentes son convenientes, claras, bien conocidas, etc. La PROFECO notificó que, entre los diferentes tipos de visitas que puede realizar, algunas son de asesoría y otras conducen a medidas de cumplimiento, pero no parece existir aún un sistema y métodos claramente establecidos para un enfoque de promoción del cumplimiento.

La nueva Ley de Fomento a la Confianza Ciudadana podría utilizarse como una base para hacer que las inspecciones se enfoquen más en la promoción del cumplimiento, lo que reduciría la presión de inspecciones sobre empresas que acatan las reglas, haciendo la focalización más proporcional al riesgo, entre otros. En particular, el Artículo 11.IX puede servir como base para inspecciones basadas en riesgos y para la promoción del cumplimiento en aquellas empresas que opten por registrarse bajo la ley.

Fraccionalización y coordinación

- Principios de Mejores Prácticas relacionados: coordinación y consolidación; regulación responsable; integración de información

La coordinación es un aspecto clave de las inspecciones y la promoción del cumplimiento. Primero, la coordinación ayuda a reducir los costos administrativos para las empresas, debido a que necesitan gestionar menores inspecciones por año. Segundo, un marco coordinado para las inspecciones y promoción del cumplimiento permite a las autoridades mayor efectividad para identificar y dirigirse a empresas más riesgosas. Por ejemplo, una empresa que no cumple con un conjunto de estándares en seguridad ocupacional tiene más probabilidades de no cumplir con los estándares ambientales, o como mínimo dicho incumplimiento puede ser una "advertencia" para la verificación; mientras que una empresa que ha cumplido de manera consistente y constante puede recibir visitas con menos frecuencia. Las visitas de otros inspectorados también pueden contribuir a actualizar información sobre el tipo de actividades, su volumen, etc., ya que existen típicamente bastantes variaciones en comparación con los datos de registro del negocio iniciales.

De acuerdo con la LFMN, se requiere que los reguladores sectoriales se coordinen cuando hay NOMs y jurisdicciones que se superponen. Sin embargo, resulta en la actualidad poco clara la forma en la que esto se lleva a cabo, incluso cuando tienen deberes que se superponen, p. ej., etiquetado del producto. Un intercambio de información entre agencias sub-óptimo puede dificultar más focalizarse en OEC de mayores riesgos, negocios y productos y servicios.

En México, la inspección y la vigilancia se organizan en términos de cada NOM. Durante las entrevistas, muy pocos inspectorados o dependencias mencionaron coordinar las inspecciones cuando una empresa puede estar sujeta a múltiples NOMs de diferentes agencias. Asimismo, los entrevistados no mencionaron ninguna práctica de intercambio de información o datos. Aun dentro de las agencias individuales, como la

SEMARNAT, parece existir una coordinación mínima entre las diferentes unidades que trabajan en áreas similares de regulación técnica.

Cada inspección genera una carga para las empresas pues deben gestionar o apoyar cada inspección de su negocio. En muchos casos, están sujetas a inspección por parte de diversos órganos regulatorios distintos. Como resultado, cuando gestionan muchas inspecciones diferentes, enfrentan cargas pesadas, incertidumbre e incluso requisitos contradictorios. Un sistema fragmentado también obstaculiza el intercambio de información porque hace más difícil para los reguladores el identificar los negocios de alto riesgo. Por último, la existencia de múltiples inspecciones relacionadas significa una mayor incertidumbre para los negocios en términos de la definición de las reglas a aplicar o la forma en que se interpretarán, lo que puede representar un freno para la inversión y el crecimiento.

Mientras que en el campo de productos no alimenticios la PROFECO posee responsabilidades muy amplias (lo que vuelve la coordinación un problema menor), la supervisión de la seguridad alimenticia se divide entre el SENASICA, la COFEPRIS y las autoridades a nivel estatal. Aunque las responsabilidades en la esfera de seguridad alimenticia pueden encontrarse por escrito relativamente claras, la experiencia indica que dichas divisiones rara vez funcionan de manera homogénea en la práctica, y ciertas etapas, p. ej., del procesamiento, podrían estar sujetas a competencias múltiples. Aparentemente no existe un sistema de coordinación formalizado para las inspecciones de seguridad alimenticia entre el SENASICA y la COFEPRIS. Un ejemplo útil de la coordinación podría ser aquel de MSNetwork del Reino Unido, o los lineamientos adoptados en Italia para promover la coordinación entre inspectorados, que se implementan a nivel regional (Recuadro 3.6).

Recuadro 3.6. Coordinación en las Inspecciones – Ejemplos de Reino Unido e Italia

Coordinación de la vigilancia del mercado del Reino Unido a través de MSNetwork

En el Reino Unido, la vigilancia de mercado se refiere al conjunto de actividades desarrolladas por los reguladores que protegen a los consumidores de bienes inseguros y no-conformes, garantizando intervenciones efectivas (inspecciones regulatorias) con las empresas antes de que coloquen los bienes en el mercado, cuando se encuentran en la cadena de suministro y se necesita una acción correctiva.

El Departamento de Negocios, Energía y Estrategia Industrial (BEIS) es responsable de la mayoría de las regulaciones técnicas. La responsabilidad de coordinar la actividad de vigilancia del mercado en el Reino Unido es de la Oficina de Estándares y Seguridad de los Productos (OPSS), que es parte del BEIS. La vigilancia del mercado en el Reino Unido es llevada a cabo por una serie de organismos nacionales y autoridades locales. Para garantizar una coordinación efectiva de dichas actividades, estas autoridades se reúnen en la Market Surveillance Network (MSNetwork).

La MSNetwork se reúne cuatro veces al año, proveyendo un foro para intercambiar información, compartir mejores prácticas, y revisar programas y proyectos conjuntos que se realizan en el marco de las reuniones del foro.

Los programas de trabajo actuales de la red son:

- Preparación del Programa de Vigilancia del Mercado Nacional del Reino Unido;
- Uso de los comentarios de los usuarios en el desarrollo de la base de datos de Seguridad de Productos del Reino Unido;
- Realineación del Punto Único de Contacto entre las autoridades de vigilancia del mercado y el Servicio de Aduanas e Impuestos de Su Majestad, para compartir datos de importaciones para focalizar las verificaciones en productos y operadores económicos riesgosos; y
- Acordar arreglos para traspasar casos entre autoridades.

Los miembros de la MSNetwork incluyen la OPSS (regulaciones de productos al consumidor, diseño ecológico y productos ambientales); la Comisión de Salud y Seguridad (productos utilizados en el lugar de trabajo y pirotecnia); la Agencia de Normas para Conductores y Vehículos (vehículos automotrices); la Agencia Marítima y de Guardacostas (productos utilizados en el ambiente marítimo); la Agencia Reguladora de Medicamentos y Productos para el Cuidado de la Salud (dispositivos médicos); y la Oficina de Comunicaciones (equipo de comunicaciones).

Fuente: Oficina de Estándares y Seguridad de los Productos del Reino Unido.

Italia: Lineamientos Nacionales para Inspecciones

Coordinación de las actividades de inspección

Para reducir o eliminar duplicaciones desproporcionadas o innecesarias, las administraciones deben adoptar instrumentos de coordinación entre las distintas áreas que ejercen actividades de control. Las administraciones deben primero identificar el nivel óptimo en el cual deben conducirse las actividades de coordinación para obtener mejores sinergias entre todos los actores.

A continuación, el principio de coordinación se persigue a través de distintos instrumentos, tales como:

a) Planes de control anuales entre las distintas administraciones;

b) Bases de datos compartidas entre las administraciones que trabajan en un mismo sector o en sectores interconectados;

c) Acuerdos entre las administraciones a cargo de las inspecciones para llevar a cabo, cuando sea posible, inspecciones coordinadas o planificadas;

d) Documentos y formularios armonizados que pueden acordarse en conjunto por todas las administraciones que realizan inspecciones (por ejemplo, finalización oficial de las inspecciones).

Fuente: Oficina de Estándares y Seguridad de los Productos del Reino Unido; y Italia, Departamento de Servicio Civil, *Linee Guida in Materia di Controlli, adoptada en 2013 por la Mesa de Coordinación Interregional, disponible en:* http://www.funzionepubblica.gov.it/sites/funzionepubblica.gov.it/files/documenti/Semplificazione/Precedenti%20semplificazioni/Linee%20guida%20Controlli_24-01-2013.pdf.

Sin embargo, existen ejemplos positivos de coordinación en México. En 2018, la ASEA, la CRE y la CNH crearon oficinas de coordinación para brindar asistencia a los actores interesados en procesos que requieren la intervención de más de uno de los tres reguladores. La coordinación general entre las agencias regulatorias de México fue una recomendación clave del informe de la OCDE Impulsando el desempeño de la ASEA, la CNH y la CRE de México, el cual propuso la creación de un Grupo de Reguladores en materia Energética (GRE) para catalizar el intercambio de información y facilitar la coordinación entre los diferentes reguladores (OECD, 2018[12]). El GRE se inauguró en 2018 (Recuadro 3.7).

Recuadro 3.7. El Grupo de Reguladores en materia Energética en México: CRE, CNH y ASEA

El GRE es un enfoque institucional para mejorar la coordinación. Es un foro permanente para el intercambio e implementación de trabajos en conjunto, cuya misión es "regular y supervisar en forma confiable y coordinada las actividades del sector de energía, para fomentar la inversión productiva y su desempeño eficiente y sustentable en México".

El Grupo también ha desarrollado un Plan Estratégico de 2018-2022, el cual establece cinco objetivos clave para: facilitar el desarrollo del sector energético, ofrecer certidumbre regulatoria a largo plazo al sector energético, satisfacer las necesidades del sector en una manera coordinada a través de operaciones sistemáticas, promover capacidades financieras y técnicas de vanguardia que permitan la operación del sistema, y que sean reconocidas como un punto de referencia por la sociedad así como también por los mercados nacionales e internacionales.

Fuente: OCDE (2018), Actualización de impacto: Impulsando el desempeño de los reguladores de energía en México, OCDE, París, http://www.oecd.org/gov/regulatory-policy/Mexico-Impact-Update-web.pdf.

Sin embargo, por lo general ninguna otra secretaría o entidad reguladora menciona ningún programa explícito para el intercambio de información o coordinación entre ellos y otra entidad. En México no existe una plataforma para el intercambio de información de inspecciones, como *Safety Gate* en la UE o el Sistema de Expediente de Empresas en los Países Bajos (Blanc, 2012[13]), o como el "*fascicolo d'impresa*" en Lombardía[3] (Italia).

Para respaldar las PyME, los autores del Estudio Económico de México 2019 de la OCDE indicaron que "también sería de ayuda una mayor coordinación entre las inspecciones fiscales y laborales, por ejemplo, obligando a los inspectores fiscales a notificar las violaciones sospechosas de las regulaciones laborales y establecer mecanismos de coordinación más sólidos." (OECD, 2019[14]). Las regulaciones laborales incluyen 36 NOMs que hace cumplir la STPS.

La Oficina de Estándares y Seguridad de los Productos del Reino Unido se estableció precisamente para intentar renovar un sistema considerado como demasiado fragmentado e insuficientemente efectivo en términos de inspecciones y cumplimiento. También se puede alcanzar una mejor coordinación, eficiencia y efectividad creando sistemas de gestión de información compartida (Recuadro 3.8).

Recuadro 3.8. Sistemas de información compartida para inspecciones

La planeación basada en riesgos no puede llevarse a cabo sin que cada agencia tenga datos de todos los objetos bajo supervisión, lo que resulta oneroso y difícil de actualizar, aunque, al mismo tiempo, debido a que muchas de las dimensiones de riesgo se encuentran correlacionadas, y a que un negocio que presenta incumplimiento tiende a serlo en diversas áreas, el inspectorado sería capaz de mejorar su análisis de riesgos si también contara con datos de otros inspectorados. Asimismo, se ha observado que muchos inspectorados (incluso en los países de la OCDE) no cuentan con sistemas de información apropiados, en el sentido de que los sistemas les permitan planear sus actividades basándose en el riesgo y registrar los resultados de las inspecciones. Establecer un sistema para cada uno de estos por separado, y "completar" cada uno de manera independiente con los datos sobre todos los objetos resulta mucho más oneroso que crear un sistema conjunto. Todos estos puntos promueven el establecimiento, en la mayor medida posible, de sistemas de información conjunta compartidos por la mayoría o todos los inspectorados. El sistema de información debe construirse en una base de datos incluya los siguientes datos:

- Lista de todas las empresas y todos los establecimientos (no solo todas las empresas, sino también todas las instalaciones por separado) en el país.
- Para cada establecimiento, contar con datos sobre una serie de parámetros relevantes que correspondan a diferentes factores de riesgo. Algunos parámetros de riesgo "generales" casi siempre relevantes para todos o la mayoría de los tipos de inspecciones (p. ej., tamaño, volúmenes manejados, tipo de tecnología o proceso, etc.) y otros más específicos agrupados por dimensiones de riesgos (p.ej., seguridad alimenticia, seguridad en el lugar de trabajo, etc.).

- Lista de todas las inspecciones y sus resultados.
- Generación automática de las clasificaciones de riesgos para cada negocio y establecimiento.
- Generación automática de selección de inspecciones y calendario
- Filtro y análisis de informes de datos.

Los sistemas más avanzados también pueden incorporar funciones para planear actividades dentro de los inspectorados y gestionar procesos, contar con listas de verificación en línea, etc.

Fuente: Abreviado de OCDE (2015), Regulatory Policy in Lithuania: Focusing on the Delivery Side (política regulatoria en Lituana: enfoque en el lado de la ejecución), Revisiones de la OCDE sobre reforma regulatoria, París, https://doi.org/10.1787/9789264239340-en.

Bajo la actualización propuesta a la LFMN, el Sistema Integral de Normalización y Evaluación de la Conformidad (SINEC) como la plataforma interactiva virtual integrará, monitoreará y evaluará todas las actividades de los actores que participan en el Sistema de Regulaciones Técnicas y Evaluación de la Conformidad mexicano. Esto pondría la información de todos los OEC a disposición de todos los reguladores y podría reducir los recursos para monitorear a los OEC después de la acreditación.

Análisis de riesgos y proporcionalidad

- Principios de Mejores Prácticas relacionados: cumplimiento basado en la evidencia; enfoque proporcionalidad de riesgos; integración de la información

Los inspectores no pueden fiscalizar a todas las empresas en todo momento. Resulta absolutamente crítico que las inspecciones se focalicen en los productos y empresas que tienen mayores probabilidades de generar riesgos significativos, tanto porque es más probable que incurran en una violación como porque estas violaciones pueden generar peligros más serios. Esto requiere un sistema para que el gobierno evalúe el nivel de riesgo de un negocio antes de que el inspector realice una visita. Focalizarse en los riesgos más significativos evita el uso inadecuado del tiempo de los inspectores y de las empresas en el seguimiento de quejas que, posiblemente, no tengan un impacto real sobre el bienestar de los ciudadanos.

Idealmente, los órganos gubernamentales con facultades de inspección deberían emplear un marco basado en riesgos para determinar las inspecciones a realizar. Las actuales prácticas de focalización parecen estar bastante lejos de este objetivo. Muchos organismos gubernamentales y reguladores sectoriales reportan un incremento en las inspecciones de producto en ciertos momentos clave del año, tales como días festivos, lo que es muy diferente a un enfoque determinado en base a riesgos (aunque puede ser relevante en términos del volumen potencial de violaciones). Otros, como la Secretaría de Energía o SENER, planean algunas inspecciones aleatorias entre los proveedores verificados. Se programan inspecciones especiales para las instalaciones con respecto a las cuales se han notificado violaciones o han resultado sancionadas, lo que ilustra la "probabilidad" como un elemento de evaluación de riesgos, mas no de "la magnitud potencial del riesgo".

La PROFECO no mencionó enfoques explícitos basados en riesgos; en lugar de ello incrementan los muestreos de bienes durante épocas del año clave. Con frecuencia sus inspecciones no necesariamente se dirigieron a retirar productos peligrosos del mercado, más bien se enfocaron en la calidad de los productos, p. ej., evaluar el contenido material de las telas. No queda claro en qué medida esto apoya el bienestar del público o por lo resulta más relevante que otros productos. Asimismo, resulta poco claro cómo la PROFECO equilibra su función como órgano que promueve la "calidad" de los productos (y cómo se define esto) contra su función de proteger a los consumidores mexicanos de los peligros potenciales. En el Reino Unido, la Oficina de Estándares y Seguridad de los Productos (OPSS) prioriza las inspecciones y la vigilancia del mercado basándose en los peligros potenciales del incumplimiento y en la probabilidad del incumplimiento (Recuadro 3.9). Otros inspectorados, como el *Inzpectie SZW* (Inspectorado para asuntos Sociales y Laborales) de los Países Bajos, utilizan un conjunto de herramientas de intervención para seleccionar aquellos instrumentos que son más adecuados, no sólo para el nivel de riesgo, sino también para los factores y características relevantes del grupo en cuestión (Recuadro 3.9).

La mayoría de los reguladores han establecido planes anuales para determinar qué inspeccionar, pero no resulta necesariamente clara la manera en la que se identificaron las prioridades. Muchos reguladores no parecen adoptar estrategias basadas en riesgos. En parte, la mayoría de los reguladores limitan el rastreo de datos al número de inspecciones o acciones administrativas. Sin embargo, ambos son indicadores de desempeño relativamente débiles. Primero que nada, el número de inspecciones solo se relaciona con el volumen de trabajo y no permite al regulador evaluar si el trabajo fue efectivo (Blanc, 2018[5]). También resulta imperfecto enfocarse en el número de violaciones.

Como se indicó anteriormente, a pesar de que la COFEPRIS parece tener un entendimiento general de lo que podría ser un enfoque basado en riesgos, y utilizar prioridades muy amplias relacionadas en los riesgos de alto nivel, no parece utilizar un enfoque formal y sistematizado de focalización basado en riesgos a nivel de los establecimientos. Las discusiones con el SENASICA indicaron que, además de un entendimiento de enfoques basados en riesgo en general, al menos algunos departamentos de la agencia estaban utilizando un enfoque basado en riesgos más formalizado y desarrollado para focalizar las inspecciones. Estos departamentos seleccionan a los establecimientos para inspecciones considerando no solo el sector en general, sino que subsectores y actividades específicas, el tamaño de las operaciones, la trayectoria, entre otros. Por ejemplo, las inspecciones regulatorias de los establecimientos TIF las realiza el personal del SENASICA de acuerdo con un programa, en respuesta a quejas o a solicitudes especiales de los supervisores encargados de vigilar estas instalaciones en forma regular. Sería necesaria una mayor investigación para evaluar estos temas, pero pueden constituir una buena base para inspirar un trabajo adicional en otros departamentos, instituciones y campos regulatorios.

El número de violaciones podría seguir siendo el mismo, pero los riesgos que presentan dichas violaciones pueden variar. Además, un mayor número de violaciones encontrado puede significar que a) las inspecciones son más efectivas, b) que el cumplimiento es significativamente menor, o c) que los inspectores están simplemente encontrando más violaciones menores o menos riesgosas. El cumplimiento total puede no ser una meta socialmente aceptable, debido a que los costos de cumplir y ejecutar partes de una NOM pueden exceder los beneficios.

Muchos reguladores indicaron que, al inspeccionar el cumplimiento de una NOM, verifican la totalidad de la misma, sin enfocarse, necesariamente, en las partes de la NOM que se refieren a riesgos importantes para la salud, la seguridad y el bienestar de los ciudadanos. partea diferencia de esto, la UE opera sobre bases de gestión de riesgos para la vigilancia del mercado y determina si un producto en realidad es peligroso antes de tomar alguna acción.

Recuadro 3.9. El enfoque basado en riesgo de la OPSS del Reino Unido y el Conjunto de Herramientas de Intervención de los Países Bajos

El enfoque basado en riesgo de la OPSS del Reino Unido

En la OPSS del Reino Unido, los inspectores utilizan una matriz para determinar qué áreas deben ser monitoreadas e inspeccionadas más de cerca. En esencia, este marco de focalización basado en riesgos asegura que los inspectores prioricen las regulaciones técnicas que tienen un riesgo de incumplimiento elevado y que crean un nivel de peligro alto.

Figura 3.1. OPSS – Focalización basada en el riesgo: enfoque genérico

Probabilidad de incumplimiento

	Muy baja	Baja	Media	Alta	Muy alta
Alto	Media inferior	Media superior	Media superior	Alta	Alta
Superior medio	Media inferior	Media inferior	Media superior	Media superior	Alta
Inferior medio	Baja	Media inferior	Media inferior	Media superior	Media superior
Bajo	Baja	Baja	Media inferior	Media inferior	Media superior

(Nivel de peligro)

Fuente: Presentación de Graham Russell, CEO de la Oficina de Estándares y Seguridad de los Productos, 2018.

El Conjunto de Herramientas de intervención de los Países Bajos

En los Países Bajos, el *Inzpectie SZW* (Inspectorado para asuntos Sociales y Laborales) utiliza el siguiente enfoque para seleccionar el instrumento de intervención más apropiado, evitando realizar inspecciones y promoción de cumplimiento con un enfoque uniforme:

1. Seleccionar el grupo y/o riesgo objetivo. El Conjunto de Herramientas ofrece una serie de alternativas, dependiendo del estado actual de conocimientos sobre el riesgo, el sector económico o las opiniones de los grupos interesados. Cada herramienta incluye información adicional, explicaciones y mejores prácticas;

2. Comprender los grupos objetivos y sus motivos para posiblemente realizar trabajos no declarados. El Conjunto de Herramientas ayuda a los directores de proyectos e inspectores a entender los motivos del grupo objetivo. ¿Cuáles son los motivos que pueden explicar su incumplimiento? ¿Hay una falta de conocimiento o estos grupos se rehúsan a cumplir en forma consciente? Las herramientas varían de acuerdo con el número de grupos objetivos al que apuntan, los grupos interesados involucrados (internos o externos), el estilo de trabajo, el tiempo invertido, el grado de información requerida, y los resultados;

3. El Conjunto de Herramientas puede identificar una selección de intervenciones en base a la información disponible. Para cada grupo objetivo ofrece información sobre la intervención y sus posibles resultados;

4. El director de programa establece un plan de acción que incluye una mezcla de intervenciones adecuadas. Por ejemplo, la industria de comida rápida tiene un riesgo elevado de contratar empresas de limpieza que emplean a trabajadores indocumentados. Una intervención adecuada debe no sólo inspeccionar empresas en los tres sectores de limpieza, sino que también empresas de comida rápida. El inspectorado debe transmitir a las empresas de comida rápida el mensaje de que sólo deben contratar empresas de limpieza de buena fe. Esto ayuda a aumentar el cumplimiento con las normas.

Fuente: Plataforma Europea de lucha contra el trabajo no-declarado, Resumen de Diciembre de 2019, disponible en: https://ec.europa.eu/social/BlobServlet?docId=22190&langId=en.

Capacitación de inspectores y Códigos de Conducta

- Principios de Mejores prácticas relacionados: *Profesionalismo, Transparencia*

De acuerdo con los Principios de la OCDE sobre Mejores Prácticas para el Cumplimiento de las Normas e Inspecciones, los inspectores deben recibir capacitación y gestionarse para asegurar el profesionalismo, integridad, consistencia y transparencia. Casi todos los inspectorados entrevistados mencionaron capacitar a los inspectores en el área de competencia técnica de las NOMs. Los servidores públicos en México también están sujetos al Código de Ética y las Reglas de Integridad del Gobierno. Sin embargo, pocos inspectorados mencionaron capacitaciones o códigos de ética específicos (aparte del de la CRE detallado previamente). Un buen ejemplo a seguir para un mayor desarrollo de las habilidades y competencias profesionales sería el del Reino Unido (Recuadro 3.10).

Con frecuencia, la vigilancia de las NOMs requiere de una capacitación y formación significativa en un campo específico. Por ejemplo, el SENER contrata principalmente a ingenieros como inspectores. La ASEA también ha introducido un programa para retener nuevas contrataciones con experiencia especial. No obstante, México en general no cuenta con una política de recursos humanos global para los inspectores. A pesar de los códigos de conducta, no resulta claro si los inspectores también reciben capacitación en los aspectos no técnicos del trabajo.

Como se indicó antes, los niveles salariales pueden ser un obstáculo significativo para atraer y retener al personal calificado adecuado y para motivar un comportamiento ético. Este problema puede empeorar si se reducen los salarios.

Recuadro 3.10. Competencias regulatorias Básicas y Formación de Funcionarios de Cumplimiento Regulatorio en el Reino Unido

La planeación de intervenciones regulatorias basadas en riesgos efectivas (incluyendo inspecciones) requiere que el funcionario cuente con competencias, conocimiento y habilidades específicas. Muchos programas de capacitación para reguladores se enfocan únicamente en el conocimiento técnico y legal. En el Reino Unido, se ha identificado un conjunto de competencias necesarias para todas las funciones de ejecución regulatoria basándose en el Marco de Competencias Regulatorias Básicas para Reguladores. A lo largo de varios años, la Oficina de Estándares y Seguridad ha desarrollado y modificado estas competencias, previa consulta con las entidades regulatorias tanto locales como extranjeras, diversos organismos profesionales (incluyendo el Instituto de Normas Comerciales) y empresas.

Existe un programa de capacitación, el Programa de Formación para Funcionarios de Cumplimiento Regulatorio, un estándar que dirige la ruta de ingreso al espectro completo de roles de cumplimiento regulatorio, tanto para el sector público como privado. Los pupilos aprenden las habilidades, conocimientos y comportamientos básicos requeridos para ser un Funcionario de Cumplimiento Regulatorio efectivo. Estas incluyen:

- Comprender el contexto regulatorio en el que operan;
- Evaluar los riesgos regulatorios en el contexto en el que están trabajando, utilizando y analizando los datos y la inteligencia para llevar a cabo evaluaciones de riesgos;
- Comprender el ambiente comercial y cómo la forma en la que se fiscaliza la regulación puede impactar a los negocios;
- Trabajar de manera efectiva con otras organizaciones, como reguladores socios, grupos de negocios y representantes de ciudadanos para alcanzar resultados regulatorios tales como prosperidad y protección;

- Realizar auditorías, inspecciones y verificar el cumplimiento para evaluar el desempeño contra estándares regulatorios y de otro tipo;
- Respaldar y promover el cumplimiento de las empresas; proporcionar asesoría de expertos, información y guías para ayudar a las empresas a cumplir y apoyar el cumplimiento;
- Comunicarse de manera efectiva con las empresas, por ejemplo, proporcionando un rango de mecanismos para interactuar con las empresas de una manera que satisfaga mejor sus necesidades;
- Responder al incumplimiento en una forma proporcional;
- Dar apoyo a aquellos impactados de manera adversa por el incumplimiento, lo que incluye lidiar con las víctimas vulnerables;
- Evaluar sus actividades regulatorias personales y realizar un informe contra los objetivos regulatorios individuales y las prioridades departamentales.

Fuente: (Institute for Apprenticeships and Technical Education., 2020[15]) www.instituteforapprenticeships.org/apprenticeship-standards/regulatory-compliance-officer/.

Confianza, fraude y corrupción

- Principios de Mejores prácticas relacionados: Transparencia Gubernamental; Promoción de Cumplimiento; Profesionalismo; Proceso Claro y Justo

Las inspecciones y la promoción del cumplimiento de las regulaciones técnicas existen para crear confianza entre los actores del mercado. Blanc (Blanc, 2018[5]) destaca que la confianza en las básculas y medidas fue uno de los primeros usos de las inspecciones para generar confianza entre comerciantes y clientes. (Monk, 2012[16]) destaca que las inspecciones apoyan a las PyME, porque permiten que haya confianza en los nuevos participantes del mercado.

Las actividades ilícitas de promoción del cumplimiento pueden poner en riesgo la credibilidad de todo el sistema de cumplimiento. México ocupa el último lugar de los países de la OCDE en el Índice de Gobernanza Mundial en el control de corrupción y principio de legalidad (Worldwide Governance Indicators, 2018[17]). Un número de escándalos, incluyendo prácticas de corrupción por parte de los inspectores a cargo de medidores de gas y de inspectores de obras inmobiliarias han sacudido la confianza en el gobierno mexicano.

Diversos reguladores sectoriales declararon enfrentar retos con certificados falsos. Además, los certificados de importación falsos se perciben como un serio problema por los importadores mexicanos. Por ejemplo, diversos importadores evitaron dar cumplimiento a las regulaciones técnicas de eficiencia de energía para focos, al declarar, falsamente, que los focos eran para su uso personal.

Un sistema legal débil también obstaculiza la efectividad de las inspecciones en México. Si es difícil o casi imposible imponer sanciones a las empresas o individuos debido a sus conexiones sociales, políticas o económicas, la aplicación de sanciones más severas o la realización de nuevas inspecciones tendrá un impacto menor.

Un informe sobre el colapso de un edificio en Bangladesh resaltó la debilidad del principio de legalidad respecto a inspecciones menos efectivas.

> *"De hecho, los inspectores habían respondido a las llamadas de los trabajadores que advirtieron sobre el edificio que tenía una estructura insegura, y habían ordenado su cierre, pero sus órdenes fueron ignoradas simplemente por los propietarios. De este modo, el desastre (y sus causas) apuntaban a problemas más estructurales: un principio de legalidad débil (en particular para ciertas categorías de gente poderosa), profunda desigualdad social en términos de cumplimiento de los derechos legales, normas sociales prevalecientes entre los propietarios de la fábrica, etc. Poderes mejor dirigidos en secciones y más fuertes para los inspectores pueden ser parte de la solución, pero no parecía (y no parece) probable que sean suficientes" (Blanc, 2018[5])*

Los recortes a los salarios de los inspectores, en particular en forma tan drástica como lo sugieren las reformas salariales de la actual administración pública, podrían también incrementar el nivel de corrupción en las inspecciones. Los salarios bajos pueden alentar a los inspectores a aceptar sobornos de los regulados para evitar quejas o sanciones financieras. Los investigadores han demostrado este efecto tanto de manera teórica como empírica en economías emergentes. Por ejemplo, Besley y McLaren desarrollaron un modelo que indica que los inspectores fiscales deben recibir un pago por sobre su salario de reserva para reducir la corrupción (Besley and McLaren, 1993[18]). Benito et al. encontraron conexiones significativas entre casos de corrupción y salarios de los políticos locales a cargo de aprobar proyectos de construcción.

Abordar la corrupción y los problemas de abuso requiere de diversos pasos, ninguno de los cuales puede, en realidad, funcionar de manera aislada, y los cuales en su totalidad requerirán tiempo y esfuerzos sostenidos para producir resultados. Estos incluyen:

1. Mejorar la capacitación y la calificación;
2. Introducir enfoques basados en riesgos apropiados y reducir progresivamente las inspecciones sobre problemas "no riesgosos";
3. Mejorar la coordinación y la consistencia entre las inspecciones para evitar generar discrepancias en los requisitos;
4. Realizar esfuerzos más fuertes para proporcionar a las empresas guías y apoyo para el cumplimiento;
5. Contar con presupuestos y salarios adecuados;
6. Medir el desempeño enfocado en los resultados y llevar a cabo revisiones regulares de las actividades y los resultados de los inspectorados.

Es importante relacionar las reglas éticas para una entidad con el propósito de su trabajo, a fin de que no se consideren como una carga adicional, sino como un elemento esencial para el cumplimiento de los objetivos de la entidad. El marco ético de la Agencia Canadiense de Inspección de Alimentos es un buen ejemplo de esto (Recuadro 3.11).

Recuadro 3.11. El marco ético para los empleados de la Agencia Canadiense de Inspección de Alimentos

La Agencia Canadiense de Inspección de Alimentos (CFIA) es la agencia regulatoria basada en ciencia más grande de Canadá con más de 6 000 empleados en todo el país. La agencia ha desarrollado un marco ético para sus empleados que se funda en la Declaración de Valores e incluye un Código de Conducta y Conflicto de Intereses y un Código Post-empleo.

El Código de Conducta define el conflicto de interés e incluye guías sobre regalos para los empleados de la CFIA. La Declaración de Valores establece:

"Como empleados de la Agencia Canadiense de Inspección de Alimentos:

Valoramos el rigor científico y la competencia profesional y técnica. Estas desempeñan un papel crucial en nuestra toma de decisiones. No manipulamos la ciencia para lograr un resultado deseado, pero reconocemos que otros factores deben considerarse en esta toma de decisiones.

La reputación y la credibilidad de la Agencia son vitales para nuestra capacidad de ejecutar nuestro mandato. De tal modo, nos comportamos, interna y externamente de una manera que se preserve la confianza.

Nos sentimos orgullosos de las contribuciones que hacemos a la calidad de vida de los canadienses. Valoramos la dedicación y la capacidad de respuesta de todos los empleados y en particular durante una emergencia.

Valoramos al personal competente, calificado y motivado, cuyos esfuerzos impulsan los resultados de la Agencia.

Para desarrollar políticas y estrategias efectivas, valoramos las perspectivas de los actores interesados que se ven afectados por nuestras decisiones.

Mantenemos nuestra independencia regulatoria de todos los actores interesados. Tenemos el valor para tomar decisiones difíciles y potencialmente no populares, independientemente de nuestras preferencias personales.

Estamos comprometidos con nuestro bienestar físico y psicológico."

Este conjunto de valores ayuda a los empleados científicos a determinar lo que debe y no debe realizarse con respecto al cumplimiento de sus responsabilidades diarias. Esperamos que usted y sus empleados respeten estos valores en las decisiones comerciales o las interacciones que afecten de manera directa la CFIA."

Fuente: (CFIA, 2017[19]) sitio Web de la CFIA, www.inspection.gc.ca/about-the-cfia/organizational-information/vision-and-mission/relationship/eng/1319480989283/1319481252700.

Cultura de cumplimiento

- Principios de Mejores Prácticas relacionados: *Promoción de cumplimiento*

Una cultura de cumplimiento exitosa requiere que los consumidores demanden productos de alta calidad. Sin embargo, si los consumidores no demandan bienes y servicios que cumplan con la reglamentación establecida, existen pocos alicientes para que las empresas cumplan con las leyes, reglamentos y regulaciones. Esto puede deberse a la falta de información, pero con frecuencia se debe principalmente a la falta de un ingreso disponible. Como resultado, en algunos mercados, existen muy pocos OEC o son inexistentes. La Secretaría de Economía recientemente llevo a cabo una serie de iniciativas para hacer consciente al público de la existencia de un sistema mexicano de normalización, incluyendo un sitio web y páginas de redes sociales. La situación para el cumplimiento de las NOMs ha mejorado en los mercados donde está creciendo la demanda de exportación.

Resulta apropiado revisar cuáles NOMs cuentan con el mayor potencial de implementarse con éxito debido a su importancia en términos de riesgos, las posibilidades de crecimiento del mercado, etc. y cuáles pueden simplemente resultar irreales o excesivamente estrictas en las condiciones actuales. Los Países Bajos han desarrollado una herramienta denominada "*Intervention Compass*" (brújula para la intervención)[4] que permite analizar un determinado tema y evaluar en qué medida la respuesta regulatoria puede ser realista, apropiada, implementable, etc. Podría adoptarse un enfoque similar en áreas donde el cumplimiento con las NOMs es particularmente bajo, para identificar con más precisión las causas que originan dicho incumplimiento y tomar las decisiones correspondientes.

En algunos casos, la falta de comprensión de los riesgos inherentes a ciertas actividades no reguladas puede representar un grave riesgo para la salud y la seguridad. Recientemente, una multitud de personas falleció a causa de la explosión de un oleoducto, como consecuencia de haber ido a recolectar combustible proveniente de una ruptura en una cañería. Los hechos se originaron en un robo y una gran negligencia en términos de seguridad. El problema no fueron los operadores que incumplieron las NOMs, sino los ladrones que destruyeron la infraestructura con terribles resultados. Las NOMs se encuentran presentes a lo largo de toda la cadena de suministro de combustible, incluyendo los impactos ambientales de las tuberías, la calidad del combustible y la medición en el punto de venta. No obstante, existe un mercado muy grande para la gasolina obtenida de manera ilegal. La gasolina robada se vende con un descuento significativo. Más allá del precio menor, de acuerdo con la PROFECO, los consumidores también pueden verse motivados a comprar esta gasolina por el hecho de que, con frecuencia, equipo de medición de las estaciones de gasolina vende litros menores a un litro. Esto muestra la necesidad de efectuar un análisis integral del problema y de las respuestas potenciales al mismo; lo anterior dado que la imposición de medidas más estrictas de verificación cumplimiento de las NOMs para los operadores legales formales no eliminará los problemas originados por los ladrones (e incluso podría hacer más sólida su posición en el mercado al incrementar el precio de la gasolina legal como consecuencia de la existencia de mayores costos de cumplimiento). Es necesario revisar y analizar el problema a la luz de la "lógica de intervención" en vez de simplemente declarar que "existe un problema, por lo tanto, necesitamos más actividades de verificación de cumplimiento".

Notas

1 N.B. Estas características del sistema regulatorio mexicano corresponden con lo que se encuentra en un gran número de países. Simplemente se destacan por propósitos informativos.

2 En entrevistas, un interlocutor mencionó que la Secretaria de Turismo solo contaba con un inspector.

3 Véase: https://www.regione.lombardia.it/wps/portal/istituzionale/HP/DettaglioRedazionale/servizi-e-informazioni/enti-e-operatori/sportello-unico-attivita-produttive/fascicolo-informatico-impresa.

4 Disponible en https://www.interventiekompas.nl/#/.

Referencias

APEC (2000), *APEC Information Notes on Good Practice for Technical Regulation*, APEC, https://www.apec.org/~/media/Files/MinisterialStatements/Annual/2000/00_scsc3_017.doc. [1]

Baldwin, R. and J. Black (2007), "Really Responsive Regulation", *LSE Law and Society Working Papers*, Vol. 15, http://www.lse.ac.uk/law/working-paper-series/2007-08/WPS15-2007BlackandBaldwin.pdf. [10]

Besley, T. and J. McLaren (1993), "Taxes and Bribery: The Role of Wage Incentives", *Economic Journal*, Vol. 103/416. [18]

Blanc, F. (2018), *From chasing violations to managing risks : origins, challenges and evolutions in regulatory inspections*, Leiden University. [5]

Blanc, F. (2012), "Inspection reforms: Why, how, and with what results", *OECD*. [13]

CFIA (2017), *The Canadian Food Inspection Agency and Its Regulated Parties, Stakeholders and Partners: An Ethical Relationship*, 2017-05-26, https://www.inspection.gc.ca/about-cfia/organizational-structure/mandate/relationship/eng/1319480989283/1319481252700 (accessed on 12 May 2020). [19]

Hawkins, K. (2002), *Law as Last Resort: Prosecution Decision-Making in a Regulatory Agency*, Oxford University Press, Oxford, http://dx.doi.org/10.1093/acprof:oso/9780199243891.001.0001. [11]

Institute for Apprenticeships and Technical Education. (2020), *Regulatory Compliance Officer*, https://www.instituteforapprenticeships.org/apprenticeship-standards/regulatory-compliance-officer/ (accessed on 12 May 2020). [15]

Monk, J. (2012), *Reform of Regulatory Enforcement and Inspections in OECD countries*, OECD Publishing, Paris, https://www.oecd.org/regreform/Reform%20of%20inspections%20-%20Web%20-%20Julie%20Monk.pdf. [16]

OECD (2019), "OECD Economic Surveys: Mexico". [14]

OECD (2018), *Driving Performance at Mexico's ASEA, CNH and CRE*. [12]

OECD (2018), *Estudios de evaluación de competencia de la OCDE: México*, OECD Publishing, Paris, https://dx.doi.org/10.1787/9789264287921-es. [8]

OECD (2015), *Regulatory Policy in Lithuania: Focusing on the Delivery Side*, OECD Reviews of Regulatory Reform, OECD Publishing, Paris, https://dx.doi.org/10.1787/9789264239340-en. [3]

PROFECO (2018), *Informe Anual*, https://www.gob.mx/cms/uploads/attachment/file/485958/INFORME_ANUAL_PROFECO_2018.pdf. [4]

PROSAFE (2008), *Best Practice Technique in Market Surveillance*, PROSAFE, Brussels, http://prosafe.org/images/Documents/EMARS/EMARS_Book_of_Best_Practice.pdf. [2]

Tiol-Carrillo, A. (2017), "COFEPRIS: audits of dental care clinics", *Revista Mexicana de Ortodoncia*, Vol. Volume 5/4, pp. 198-200. [7]

USDA - Foreign Agriculture Service (2018), *Food and Agricultural Import Regulations and Standards Report: Mexico*, http://dx.doi.org/GAIN Report Number: MX8514. [6]

WHO (2019), *Work-related mortality in the EU-27, EFTA/EEA, candidate and preaccession countries*. [9]

Worldwide Governance Indicators (2018), *Full dataset*, http://Accessed from https://info.worldbank.org/governance/wgi/#home (accessed on August 2019). [17]

Anexo A. El proceso para desarrollar NOMs en México

El primer paso para una propuesta de norma debe incluirse en el Programa Nacional de Normalización (PNN). El PNN está compuesto de propuestas de normas y está integrado y lo ejecuta la Secretaría de Economía. El PNN, junto con el "*Suplemento Nacional de Normalización*" después es aprobado por la Comisión Nacional de Normalización (CNN).

Una vez que el PNN es aprobado, se requiere que el sector público o los Organismos Nacionales de Normalización (ONN) que deseen publicar una norma obtengan la aprobación del Comité relevante; los Comités Consultivos Nacionales de Normalización (CCNN).

Etapa 1 – Proyecto de la norma propuesta: una vez incluida en el PNN aprobada por el CNN y publicada en el Diario Oficial de la Federación o DOF, el organismo público puede elaborar un borrador de la norma propuesta que se enviará el CCNN de la Secretaría de referencia. Al redactar la propuesta, los organismos públicos pueden requerir que los productores, importadores, proveedores de servicios, consumidores o centros de investigación proporcionen cualquier dato o información (o incluso muestras) necesarias para elaborar la norma.

Etapa 2 – Evaluación del impacto regulatorio: una norma propuesta y su correspondiente Evaluación de Impacto Regulatorio (RIA) se enviará a los CCNN responsables de desarrollar la NOM. La CONAMER elaborará comentarios de la RIA, sin aprobarla o no, pero emitiendo una opinión que podría tomar tres diferentes formas: sin observaciones o recomendaciones, comentarios menores o no satisfactoria.

También se requiere un análisis de factibilidad técnica con una explicación de los mecanismos de verificación. La RIA debe incluir adicionalmente los aspectos monetarios de sus costos y beneficios potenciales, cuando se esperan grandes impactos. La Secretaría de Economía tiene la facultad de solicitar aspectos adicionales si lo considera apropiado.

Etapa 3 – Proceso de consulta: los proyectos de NOM se publicarán en el DOF y las partes interesadas tendrán 60 días naturales para enviar los comentarios a los CCNN correspondientes. Dependiendo de los comentarios, se actualiza el borrador; las respuestas otorgadas por los CCNN a los comentarios tendrán que publicarse en el DOF 15 días antes de la publicación de la versión final.

Etapa 4 – Decisión y publicación: una vez que un CCNN aprueba una NOM, su versión final será publicada por el organismo público correspondiente en el DOF.

Etapa 5 – Revisión: las NOMs se revisarán cada cinco años después de su entrada en vigor.

Etapa 6 – Expiración y cancelación: el Secretariado Técnico será notificado sobre los resultados de la revisión 60 días naturales antes de que expire este plazo. Si no se realiza la notificación, la norma expirará y su cancelación se publicará en el DOF. Además, la Secretaría de Economía tiene la facultad de solicitar una evaluación *ex post* de la norma después de un año de su entrada en vigor.

El proceso de desarrollo para NMX es muy similar. Sin embargo, existen tres diferencias clave entre el desarrollo de una NOM y NMX.

- No existe una Evaluación del Impacto Regulatorio para una NMX;
- La respuesta a los comentarios del primer borrador no se publica en el DOF para una NMX;
- La DGN tiene una función expandida en el desarrollo de las NOMs. Es parte de grupos de trabajo, reuniones con actores interesados y en general participa con CCTN.

Fuente: abreviado de OCDE (2018), Normalización y competencia en México: Informe del Secretariado, París.

Anexo B. Descripción general de los módulos de evaluación de la conformidad en el nuevo Marco legislativo de la UE

Módulos	Descripción
A **Control de producción interna**	Cubre diseño y producción. El fabricante por sí mismo garantiza la conformidad de los productos respecto a los requisitos legislativos (no es un examinación del tipo de la UE).
A1 **Control de producción interna más pruebas de los productos supervisadas**	Cubre diseño y producción. A + pruebas sobre aspectos específicos del producto realizadas por un organismo acreditado interno o bajo la responsabilidad de un organismo notificado elegido por el fabricante.
A2 **Control de producción interna más verificaciones del producto supervisadas en intervalos aleatorios**	Cubre diseño y producción. A + verificaciones del producto en intervalos aleatorios llevadas a cabo por un organismo notificado o un organismo acreditado interno.
B **Examinación tipo UE**	Cubre diseño. Siempre está seguido de otros módulos por medio de los cuales se demuestra la conformidad de los productos respecto al tipo UE aprobado. Un organismo notificado examina el diseño técnico y/o la muestra de un tipo y verifica y certifica que cumple con los requisitos del instrumento legislativo aplicable al mismo emitiendo un certificado de examinación tipo UE. Existen 3 formas de realizar una examinación tipo UE: 1) tipo de producción, 2) combinación del tipo de producción y el tipo de diseño y 3) tipo de diseño.
C **Conformidad con el tipo UE basándose en el control de producción interno**	Cubre la producción y sigue el módulo B. El fabricante debe controlar internamente su producción para garantizar la conformidad del producto contra el tipo UE aprobado bajo el módulo B.
C1 **Conformidad con el tipo UE basándose en el control de producción interno más pruebas del producto supervisadas**	Cubre la producción y sigue el módulo B. El fabricante debe controlar internamente su producción con el fin de garantizar la conformidad del producto contra el tipo UE aprobado bajo el módulo B. C + pruebas en aspectos específicos del producto realizadas por un organismo acreditado interno bajo la responsabilidad de un organismo notificado elegido por el fabricante.
C2 **Conformidad con el tipo UE basándose en el control de producción interno más verificaciones del producto supervisadas en intervalos aleatorios**	Cubre la producción y sigue el módulo B. El fabricante debe controlar internamente su producción con el fin de garantizar la conformidad del producto contra el tipo UE aprobado bajo el módulo B. C + verificaciones del producto en pruebas a intervalos aleatorios sobre aspectos específicos del producto realizadas por un organismo notificado o un organismo acreditado interno.
D **Conformidad con el tipo UE basándose en el aseguramiento de calidad del proceso de producción**	Cubre la producción y sigue el módulo B. El fabricante opera un sistema de aseguramiento de calidad de la producción (parte de fabricación e inspección del producto final) con el fin de garantizar la conformidad con el tipo UE. El organismo notificado evalúa el sistema de calidad.
D1 **Aseguramiento de calidad del proceso de producción**	Cubre el diseño y la producción. El fabricante opera un sistema de aseguramiento de calidad de la producción (parte de fabricación e inspección del producto final) con el fin de garantizar la conformidad con los requisitos legislativos (no tipo UE, utilizados como D sin el módulo B). El organismo notificado evalúa el sistema de calidad de la producción (parte de fabricación e inspección del producto final).

Módulos	Descripción
E **Conformidad con el tipo UE básándose en el aseguramiento de calidad del producto**	Cubre la producción y sigue el módulo B. El fabricante opera un sistema de aseguramiento de calidad del producto (= calidad de' producción' sin la parte de fabricación) para la inspección y pruebas del producto final con el fin de garantizar la conformidad con tipo UE. Un organismo notificado evalúa el sistema de calidad. La idea detrás del módulo E es similar a aquella bajo el módulo D: ambos se basan en un sistema de calidad y siguen el módulo B. Su diferencia es que el sistema de calidad bajo el módulo E se dirige a garantizar la calidad del producto final, mientras que el sistema de calidad bajo el módulo D (y D1 también) se dirige a garantizar la calidad de todo el proceso de producción (que incluye la parte de fabricación y la prueba del producto final). De este modo E es similar al módulo D sin las disposiciones relacionadas al proceso de fabricación.
E1 **Aseguramiento de calidad de la inspección y las pruebas del productos final**	Cubre el diseño y la producción. El fabricante opera un sistema de aseguramiento de calidad del producto (=calidad de' producción' sin la parte de fabricación) para la inspección del producto final y las pruebas con el fin de garantizar la conformidad con los requisitos legislativos (no módulo B (tipo UE), usados como E sin el módulo B). El organismo notificado evalúa el sistema de calidad. La idea detrás del módulo E1 es similar a aquella bajo el módulo D1: ambos se basan en un sistema de calidad. Su diferencia es que el sistema de calidad bajo el módulo E1 tiene el objetivo de asegurar la calidad del producto final, mientras que el sistema de calidad bajo el módulo D1 se dirige a garantizar la calidad del proceso de producción completo (que incluye la parte de fabricación y las pruebas del producto final). De este modo E1 es similar al módulo D1 sin las disposiciones relacionadas al proceso de fabricación.
F **Conformidad con el tipo UE básándose en la verificación del producto**	Cubre la producción y sigue el módulo B. El fabricante garantiza el cumplimiento de los productos fabricados con el tipo UE aprobado. El organismo notificado realiza examinaciones de los productos (pruebas de cada producto o verificación estadística) con el fin de controlar la conformidad del producto con el tipo UE. El Módulo F es como C2 pero el organismo notificado realiza verificaciones del producto más sistemáticas.
F1 **Conformidad básándose en la verificación del producto**	Cubre el diseño y la producción. El fabricante garantiza el cumplimiento de los productos fabricados con los requisitos legislativos. El organismo notificado realiza las examinaciones del producto (pruebas de cada producto o verificaciones estadísticas) con el fin de controlar la conformidad del producto con los requisitos legislativos (no tipo UE, utilizados como F sin el módulo B) El Módulo F1 es como A2 pero el organismo notificado realiza verificaciones del producto más detalladas.
G **Conformidad básándose en la verificación de la unidad**	Cubre el diseño y la producción. El fabricante garantiza el cumplimiento de los productos fabricados con los requisitos legislativos. El organismo notificado verifica cada producto individual con el fin de garantizar la conformidad con los requisitos legislativos (no tipo UE).
H **Conformidad básándose en el aseguramiento de calidad total**	Cubre el diseño y la producción. El fabricante opera un sistema de aseguramiento de calidad total con el fin de garantizar la conformidad con los requisitos legislativos (no tipo UE). El organismo notificado evalúa el sistema de calidad.
H1 **Conformidad básándose en el aseguramiento de calidad total más la examinación del diseño**	Cubre el diseño y la producción. El fabricante opera un sistema de aseguramiento de calidad total con el fin de garantizar la conformidad con los requisitos legislativos (no tipo UE). El organismo notificado evalúa el sistema de calidad y el diseño del producto y emite un certificado de examinación del diseño de la UE. El Módulo H1 en comparación con el módulo H estipula además que el organismo notificado realiza una examinación más detallada del diseño del producto. El certificado de examinación de diseño de la UE no debe confundirse con el certificado de examinación del tipo UE del módulo B que certifica la conformidad de una muestra "representativa de la producción prevista", de tal forma que la conformidad de los productos pueda verificarse contra esta muestra. Bajo el certificado de examinación del diseño de la UE del módulo H1, no existe tal muestra. El certificado de examinación del diseño de la UE certifica que la conformidad del diseño del producto ha sido verificada y certificada por un organismo notificado.

www.ingramcontent.com/pod-product-compliance
Lightning Source LLC
Chambersburg PA
CBHW080619270326
41928CB00016B/3122